RECUEIL

DE PLANCHES,

SUR

LES SCIENCES,

LES ARTS LIBÉRAUX,

ET

LES ARTS MÉCHANIQUES,

AVEC LEUR EXPLICATION.

ARCHITECTURE

A PARIS,

AVEC APPROBATION ET PRIVILEGE DU ROY.

ARCHITECTURE PROPREMENT DITE.

PREMIERE PARTIE.

Principes généraux concernant les ordres & les principaux membres d'Architecture.

NOus commençons ces élémens par les ordres d'Architecture, comme la partie qui appartient le plus au goût de l'art, & comme la connoissance la plus indispensable pour acquérir les moyens de juger de la beauté extérieure des édifices en général. D'ailleurs cette connoissance nous conduira dans la suite à concevoir la relation essentielle que les dedans d'un bâtiment doivent avoir avec les dehors, & les moyens de concilier ces deux branches de l'art avec la construction, trois parties qui constituent l'Architecture proprement dite.

PLANCHE Iere.

Des cinq ordres d'Architecture.

Cette Planche présente les cinq ordres d'Architecture, dont le dorique, l'ionique & le corinthien sont grecs, & les deux autres romains.

Ces cinq ordres sont réduits ici à une même hauteur, afin qu'on puisse reconnoître par leur diverse grosseur, sur une élévation commune, leurs différens caracteres ; car il faut sçavoir que le toscan connu sous le nom d'*ordre rustique*, ne doit avoir de diametre que la septieme partie de sa hauteur, y compris base & chapiteau.

Le dorique, connu sous le nom d'*ordre solide*, la huitieme partie.

L'ionique, considéré comme ordre moyen, la neuvieme partie.

Le corinthien & le composite, appellés *les ordres délicats*, la dixieme partie.

Vitruve a refusé le nom d'*ordre* à ce dernier, à cause de son égalité de rapport avec le corinthien, prétendant avec raison que ce ne sont point les ornemens qui constituent l'ordre, mais bien la différence du rapport de leur grosseur avec leur hauteur.

Ces cinq ordres sont conformes aux mesures de Vignole, l'un des dix commentateurs de Vitruve, & celui qu'on a suivi en France le plus généralement. Cet auteur *Architecture.*

donne au piédestal A le tiers de la hauteur de l'ordre B, & à l'entablement C, le quart de B ; il conserve cette même proportion pour tous les cinq ordres. Ce n'est pas qu'on ne puisse donner moins de hauteur à l'entablement & au piédestal ; par exemple, réduire A au quart, & C au cinquieme de B, comme le propose Palladio ; ou enfin tenir l'entablement entre le quart & le cinquieme, ainsi que l'enseigne Scammozzy. Mais ces différences de hauteur doivent se déterminer selon l'application qu'on fait des ordres à l'architecture, & la diversité des bâtimens où on les met en œuvre ; de maniere que c'est à la prudence de l'Architecte de combiner l'effet que doivent produire ces hauteurs plus ou moins considérables, toutes trois pouvant également réussir, sçavoir, celle de Vignole, pour les dehors des grands édifices ; celles de Palladio & de Scammozzy, pour leur décoration intérieure.

Le piédestal A, l'ordre B, & l'entablement C, composent donc les trois principales parties d'une ordonnance d'architecture ; mais c'est B qu'on appelle l'*ordre proprement dit*, y compris la base D, le fût E, & le chapiteau F : aussi est ce cet ordre qui donne & assigne au piédestal & à l'entablement leur véritable proportion.

Chacune de ces deux parties principales, ainsi que l'ordre, sont composées à leur tour de plusieurs autres parties ; sçavoir, pour le piédestal, le socle *g*, le dez *h*, & la corniche *i* ; & pour l'entablement, l'architrave *k*, la frise *l*, & la corniche *m*. Toutes ces parties sont encore divisées par d'autres qu'on appelle *moulures*, dont nous traiterons dans les Planches suivantes.

Ce que nous venons de dire touchant l'ordre toscan, peut s'appliquer aux quatre autres ; leur dimension & la division de leurs membres étant les mêmes, & ne différant que dans les détails & dans l'application de leurs principaux ornemens, ainsi que nous aurons occasion de le faire remarquer ailleurs.

PLANCHE II.

Division générale des ordres d'Architecture.

Nous avons dit dans la Planche précédente que, selon Vignole, le piédestal devoit avoir le tiers de la hauteur

A

de l'ordre, & l'entablement le quart. Pour parvenir à trouver cette dimension, il faut diviser la hauteur donnée N, O (*fig.* 1.), en dix-neuf parties égales; en donner quatre au piédestal B, douze à l'ordre A, & trois à l'entablement C; en forte que par cette division le piédestal aura le tiers de l'ordre, & l'entablement le quart, ainsi que l'expriment les dix-neuf demi-circonférences 1, 2, 3, 4, 5, *&c.*

Les divisions marquées par sept autres demi-circonférences, indiquent les sept diametres que doit avoir l'ordre toscan, choisi de préférence dans cette Planche, comme le moins compliqué de tous; en forte qu'il est aisé de concevoir que ces sept diametres établissent la hauteur de la colonne toscane, qui par conséquent a aussi quatorze modules, le diametre étant de deux modules; on conçoit encore que le piédestal devra avoir quatre modules huit minutes, & l'entablement trois modules & demi, l'un étant le tiers, l'autre le quart de l'ordre, comme nous venons de l'observer plus haut.

Quand de cet ordre toscan on voudra passer au dorique, sans rien changer aux dimensions précédentes, on divisera la hauteur de l'ordre A en huit au lieu de sept; & cette huitieme partie donnera le diametre dorique. Enfin cette même hauteur A sera divisée en neuf pour l'ïonique, & en dix pour le corinthien & le composite.

Il ne faut point oublier que c'est de ces différens diametres, sous une hauteur commune, que les ordres d'Architecture acquierent une expression particuliere, qui donne au toscan un caractere rustique propre aux ouvrages militaires; au dorique, un caractere solide, propre aux édifices publics; à l'ïonique, un caractere moyen, propre aux bâtimens d'habitation; au corinthien, un caractere délicat, propre à la demeure des souverains; & au composite, un caractere composé, propre aux décorations théatrales, aux fetes publiques, aux pompes funébres, *&c.*

Les trois parties D, E, F, expriment, comme dans la Planche précédente, le socle, le dez & la corniche du piédestal; les lettres G, H, I, la base, le fût & le chapiteau de l'ordre; les lettres K, L, M, l'architrave, la frise & la corniche de l'entablement.

Les trois demi-circonférences P, Q, R, indiquent la hauteur du fût; celles d'en-bas constatent le tiers inférieur; élevées parallèlement, elles forment un cylindre; les deux d'en haut ensemble, un conoïde tronqué. Il faut sçavoir encore que le fût supérieur de la colonne ne doit avoir que les cinq 6es du diametre d'en bas; ce qui fait différer la colonne du pilastre qui est égal dans toute sa hauteur; d'ailleurs son plan est quarré, au lieu que la colonne doit toujours être circulaire. Voyez dans Vignole la maniere de trouver cette diminution, & de tracer la courbure nommée *concoïde*, qui forme les deux côtés du conoïde.

L'échelle qui se voit au bas de la figure premiere, est de quatre modules; le module est toujours le demi-diametre de l'ordre; ce module se divise en douze minutes pour les ordres toscan & dorique, & en dix-huit, pour les ordres ïonique, corinthien & composite. Ainsi le fût inférieur de l'ordre toscan est de deux modules ou de vingt-quatre minutes, & le fût supérieur est d'un module deux tiers, ou de vingt minutes; ainsi pour les autres membres de cet ordre & des ordres qui suivent.

La deuxieme figure offre les sept différentes especes de moulures à l'usage non-seulement des ordres, mais aussi de tous les membres d'Architecture. La premiere espece *a, b, c, d, e, f,* est de moulures quarrées, la deuxieme *g, h,* de moulures décrites par des demi-cercles; la troisieme *i, k,* de moulures décrites par des quarts de cercle; la quatrieme *l, m,* de moulures appellées *concaves*; la cinquieme *n, o, p, q,* de moulures appellées *cavéts, congés & gorges*; la sixieme & la septieme, marquées *r, s, t, u,* de moulures appellées *sinueuses*. Il en est encore de composées, d'applaties, de chantournées, *&c.* qui se tracent à la main ou au compas, & auxquelles on donne plus ou moins de mouvement, selon l'application qu'on en veut faire dans l'architecture, pour la pierre, le plâtre, le marbre, le bois, le fer, le bronze, *&c.*

On a observé d'accompagner les différentes moulures tracées dans cette Planche; de tous les membres qui peuvent indiquer les relations que les unes & les autres doivent avoir ensemble. Pour cela, on remarquera qu'aux moulures quarrées on a pris soin de ponctuer les moulures circulaires qui les peuvent accompagner; & qu'aux moulures circulaires on a pareillement ponctué les moulures quarrées qui les couronnent ou les soutiennent; précaution qui doit faire juger plus promptement de leur enchaînement, sur-tout lorsqu'on voudra les comparer avec celles de l'entablement de la Planche huitieme.

PLANCHE III.

Des différentes especes de moulures.

La moulure A est une petite moulure qu'on appelle *filet, reglet* ou *listeau*, composé de deux lignes parallèles, & qui se place entre les grandes moulures quarrées & circulaires, pour apporter de la variété aux différens membres des corniches.

La moulure B est une grande moulure quarrée appellée *larmier*; c'est la plus saillante de toutes les moulures de cette espece; elle se place alternativement entre les cimaises dans les corniches des entablemens. 1 est le listeau qui couronne ordinairement cette moulure. 2 est appellé la *plate-bande* de ce larmier. 3 est un congé qui unit la partie verticale de la plate-bande avec la saillie du listeau. 4 est un canal pratiqué ordinairement sous le sophite ou plafond de cette moulure quarrée, lequel sert à écouler les eaux du ciel, qui tombent sur la saillie de ce membre saillant. C'est ce canal 4 qui a fait donner à cette moulure le nom de larmier ou gouttiere, parce qu'il fait écouler l'eau larme à larme, ou goutte à goutte de dessus la corniche à laquelle ce membre sert de couronnement. 5 est un listeau qui éloigne le canal 4 de la face ou plate-bande 2, pour procurer à cette derniere une certaine solidité.

Les moulures C, D, sont des moulures appellées *tores*, à l'usage de toutes les bases des ordres; celle D se trace par un demi cercle dont le centre 1 détermine la moitié de la hauteur de cette moulure; celle C, est un tore composé & tracé par les foyers 8 & 9, à dessein d'applatir sa partie supérieure, pour découvrir le listeau 7, qui couronne cette moulure, & que l'on suppose être élevé dans un édifice fort au-dessus de l'œil du spectateur.

Les moulures E, F, sont appellées *doucines*, rangées dans la classe des moulures sinueuses ou ondulées; elles sont destinées aux cimaises des corniches. Celle E se trace par le moyen de deux triangles équilatéraux 1, 5, 3, & 3, 4, 2; celle F se trace par deux quarts de cercle, dont les points 4, 5, servent de foyers. Si dans cette moulure on ne veut pas faire les quarts de cercle égaux, on peut diviser la diagonale 1, 2, en neuf parties égales, & faire la portion 1, 3, de cinq neuviemes, & celle 3, 2, des quatre neuviemes restans, selon que cette moulure sera droite ou renversée, au-dessus ou au-dessous de l'œil, *&c.* car il est bon de remarquer que chacune des moulures dont nous parlons, peuvent également s'employer dans les parties supérieures ou inférieures des ordres; telle, par exemple, que se remarque la doucine droite de la corniche marquée *n*, & la doucine renversée *o* de la base du piédestal de l'ordre ïonique de la premiere Planche. En général ces moulures ont autant de saillie que de hauteur.

Les moulures G, H, sont appellées *talons*, moulures qui ne different des deux précédentes, qu'en ce qu'elles sont tracées en sens contraire, c'est-à-dire que la portion concave des premieres est convexe dans celles ci; de même pour les autres portions. Le talon G est décrit par deux triangles équilatéraux, dont les sommets 1, 2, servent de centres. Celui H est au contraire tracé par l'extrémité du rayon de deux demi-cercles marqués 6, 7, formant autant de perpendiculaires élevées sur la diagonale 1, 2.

La moulure I est une scorie nommée *rond creux* ou *nacelle*; elle sert aux bases des ordres ïonique, corinthien & composite pour faire opposition au tore qui est une moulure convexe, & avec celle dont nous parlons, elle forme une agréable diversité, lorsqu'elles sont féparées par des lifteaux, comme il s'en remarque à la bafe attique de la Planche VI. Cette moulure fe trace de deux manieres; on appelle celle I, *moderne*, & celle de la Planche quatrieme, marquée K, *antique*. Pour tracer la moderne, il faut divifer fa hauteur & fa faillie en trois également; & du point 8, comme centre, décrire la premiere portion de cercle 1, 10; enfuite du point 9, fommet d'un triangle équilatéral, décrire la portion de cercle 10, 11; puis du point 11 au point 9, prolonger une oblique au point 12 qui, comme centre, fervira à décrire la troifieme portion de cercle 11, 15; le refte de cette courbe fe tracera à la main depuis 15 jufqu'à 2.

PLANCHE IV.

Suite des différentes efpeces de moulures.

La moulure K eft la fcotie appellée *antique*, qui fe décrit par les deux centres 1, 7; elle eft moins eftimée que la moderne, à caufe de fa cavité inférieure, & de la vive arrête qu'elle forme vers 4; défaut qui ne la fait guere mettre en œuvre que dans l'intérieur des appartemens, ou dans les dehors feulement, lorfqu'on préfere le marbre à la pierre, comme en ufoient les Grecs & les Romains. Les lignes ponctuées, qui indiquent la conftruction de cette moulure, nous difpenfent d'une plus grande explication.

Les moulures L, M, font des quarts de rond, appellés ainfi, parce qu'affez communément elles fe tracent par un quart de cercle; mais comme toutes les efpeces de moulures dont nous parlons, doivent appartenir à des ordres qui ont chacun une différente expreffion; que par conféquent ces moulures font obligées d'avoir plus ou moins de concavité ou de convexité, on les trace par diverfes portions de cercle que démontre la théorie, mais que le plus fouvent la pratique néglige; par exemple, le quart de rond convexe 3, 4, & le quart de rond concave 7, 8 de la figure M, font tous deux tracés par les deux angles 5, 6 d'un quadrilatere qui leur fert de foyer. Ces deux quarts de ronds font deftinés aux décorations viriles; au contraire les deux courbes de la figure L, décrites, fçavoir, celle 5, 5, par le fommet 3 d'un triangle équilatéral; celles 6, 6, par le fommet 4 d'un triangle ifocele, préfentant moins de folidité, rendent ces moulures plus propres au caractere moyen & délicat des ordres ïonique, corinthien & compofite.

Les moulures de la figure N, font deftinées aux architraves, aux chambranles des croifées, aux archivoltes, aux impoftes, & ne font autre chofe que plufieurs platesbandes féparées les unes des autres par de petites moulures, telles qu'il s'en remarque dans l'architrave de l'ordre corrinthien; quelquefois même, pour donner encore moins de faillie aux membres qui contiennent ces platesbandes, on incline en-dehors la furface de ces dernieres, comme l'expriment les lignes ponctuées 1, 2, 3, & comme on le remarque à l'architrave du petit ordre intérieur de l'églife de l'Oratoire à Paris.

Les moulures O, P, font appellés *congés*; ce font des efpeces de cavets qui fervent aux fûts des colonnes ou pilaftres, pour réunir les moulures horifontales de l'aftragal & du lifteau de la bafe, avec la partie verticale de ce même fût: celle O fe trace par le fommet d'un triangle équilatéral; celle P, par l'angle d'un quadrilatere.

La moulure Q eft compofée d'une baguette, d'un filet & d'un congé. La baguette fe trace par un demi-cercle, & le congé par un quart de cercle. Ce membre eft deftiné principalement à couronner la partie fupérieure du fût des colonnes & des pilaftres: il fert auffi dans les corniches des entablemens & des bafes des colonnes, ainfi qu'on en remarque plufieurs dans les Planches VI. & VII.

La moulure R eft une doucine comme celles E, F, de la planche précédente, mais à laquelle on a ajoûté un cavet 8, pour procurer un canal renfoncé au fophite d'un larmier, & former un lifteau 7 fur le devant, ainfi que nous l'avons expliqué en parlant du membre B, Planche III.

Enfin la moulure S eft une moulure compofée appellée *bec de corbin*; elle eft tracée par deux courbures: la premiere tracée par le fommet du triangle équilatéral 8, la deuxieme, par le foyer 5. Dans la partie inférieure de cette moulure, on a obfervé un grain d'orge 7, efpece de petite moulure quarrée & ravalée, qui fert à détacher les grandes moulures circulaires d'avec celles qui font quarrées, dans le deffein de donner plus de jeu, plus d'effet, & une certaine articulation à toutes les moulures d'une corniche.

Tous ces membres font fufceptibles d'enrichiffemens; on y applique des ornemens felon qu'ils font partie des ordres ïonique, corinthien, ou compofite; quelquefois même les moulures de l'ordre dorique peuvent en recevoir: mais il n'en faut jamais revêtir celles de l'ordre tofcan, quoiqu'il s'en remarque à la colonne trajane & dans quelques-uns de nos édifices françois. Il feroit même bon d'ufer avec difcretion des ornemens fur les moulures en général; du-moins devroit-on les referver pour les dedans des bâtimens. Dans les dehors ces ornemens font fujets à ne préfenter que de petites parties; ils corrompent la forme des moulures, d'ailleurs ils fe dégradent par l'impreffion de l'air, fe noirciffent en peu de tems, & ne préfentent plus à l'œil, & vûs de quelque diftance, qu'une confufion mal entendue.

PLANCHE V.

Des piédeftaux.

Cette Planche offre les piédeftaux que les anciens ont ajoûté aux ordres d'Architecture: prefque tous ont varié fur leur hauteur. Ici nous donnons ceux de Vignole, qui, comme nous l'avons remarqué, leur a établi le tiers de la colonne, y compris bafe & chapiteau. Chaque piédeftal eft compofé d'une bafe A, d'un dez B, & d'une corniche C. Les deux membres A & C font ornés de plufieurs moulures afforties à l'expreffion de chaque ordre. Quelquefois l'on enrichit le dez B d'une table. Il faut avoir attention, dans l'ordre tofcan, de faire cette table faillante, d'arafer la dorique, de faire l'ïonique rentrante, ainfi que celles des piédeftaux corinthiens & compofites; mais d'orner ces dernieres de quelques moulures.

Nous remarquerons que non-feulement les piédeftaux de Vignole font trop élevés, mais qu'en général cette innovation des modernes fe contredit avec la pratique d'élever plufieurs ordres les uns fur les autres, parce que les piédeftaux des ordres fupérieurs produifent des porte-à-faux confidérables fur ceux de deffous; ce qui nous incline à croire qu'à l'exception des édifices publics, qui n'auroient qu'un feul ordre, & où on les pourroit employer par tolérance, il n'en faudroit jamais faire ufage dans les bâtimens d'habitation, mais feulement d'un focle, tel que le repréfente la *fig.* D; focle qui pouvant être réduit au quart de l'ordre au plus ou au diametre, au-moins, procure plus d'élévation à l'ordre, & évite la plus grande partie des porte-à-faux dont nous voulons parler. Il faut remarquer que ce focle doit avoir un peu plus de longueur que le dez du piédeftal: celui-ci eft réduit à la faillie de la bafe de l'ordre; au lieu que le focle doit l'excéder de chaque côté d'une minute ou d'une minute & demie.

On trouvera dans cette Planche toutes les mefures des moulures des piédeftaux felon Vignole: néanmoins on peut les varier à l'infini, felon la richeffe ou la fimplicité de chaque ordre, & felon leurs diverfes applications à l'Architecture. Par exemple, nous ne pouvons le diffimuler, la corniche C du piédeftal tofcan n'eft guere fupportable; elle eft trop pauvre & trop matérielle, comparaifon faite avec celle des autres piédeftaux du même auteur. D'ailleurs une corniche, pour être appellée telle, doit être compofée de trois membres, & celle dont nous parlons n'en a que deux; ce qui la doit faire rejetter abfolument. A l'égard des moulures des autres corniches elles peuvent recevoir quelques changemens, à la vérité, mais du-moins elles ont un caractere convenable & une dimenfion générale affez analogue à l'expreffion de chaque ordre que leur piédeftal foutient.

PLANCHE VI.

Des bases.

Les bases n'ont été introduites aux colonnes que lors de la conſtruction du temple de Diane à Epheſe. Les Grecs avoient employé avant cette époque leur ordre dorique ſans baſes : mais dans la ſuite ils ne tarderent pas à s'appercevoir combien cet empatement étoit néceſſaire au pié de la colonne. A juger des moulures de la baſe ïonique de cette Planche, la même que celle de Vignole qui la tient de Vitruve, & celui-ci de l'antiquité, on doit reconnoître que toutes les parties de l'Architecture ont eu leur enfance ; & que les moulures des baſes corinthiennes & compoſites n'ont guere été exécutées avec un plus heureux ſuccès, principalement lorſqu'on les compare avec celle de la baſe nommée *attique* miſe au jour par les Athéniens ; baſe qui a été compoſée ſi judicieuſement, que le plus grand nombre de nos modernes l'ont employée à tous les ordres, à l'exception du toſcan. Cette approbation générale de la baſe attique, nous paroît néanmoins un abus. La baſe dorique de Vignole a une beauté de convenance qu'il eſt bon de lui conſerver ; auſſi ſa richeſſe progreſſive avec la toſcane l'a-t-elle fait préférer par pluſieurs de nos célebres architectes françois : enſorte que nous croyons que la baſe nommée *attique* doit être ſubſtituée ſeulement à l'ordre ïonique, & que, lorſqu'on la voudra faire ſervir aux ordres corinthiens & compoſites, comme elle ſeroit trop ſimple, on lui ajoûtera pluſieurs baguettes, ſans être obligé d'avoir recours à la multiplicité des ſcoties qu'on remarque dans les deux baſes des ordres dont nous parlons. Autrement ces ſcoties, accompagnées ordinairement de pluſieurs liſteaux & baguettes, produiront trop de petites parties, ainſi qu'on le peut obſerver dans cette Planche, dont l'échelle de la baſe toſcane & celle de la baſe dorique ſont diviſées en douze minutes, & celles des ordres ïonique, corinthien & compoſite en 18.

PLANCHE VII.

Des cannelures & des chapiteaux.

On a tracé ſur cette Planche, ainſi que ſur la précédente, les cannelures des fûts des colonnes dorique, ïonique, corinthienne & compoſite, l'ordre toſcan ne devant jamais avoir de cette eſpece d'enrichiſſement, parce que la cavité des cannelures ne convient point à la ruſticité de cet ordre ; enſorte que, lorſqu'on en veut orner la tige, on introduit des boſſages qui lui ajoutent par leur relief un caractere de fermeté.

Les cannelures de l'ordre dorique ſont à vive arrête, & beaucoup plus méplates que celles des autres ordres, dans le deſſein d'altérer le moins poſſible la ſolidité de ſa tige ; mais malgré l'opinion de Vignole à cet égard, qui la tient de Vitruve, nous penſons que cette vive arrête non-ſeulement efface à l'œil la circonférence de la colonne, mais qu'elle lui procure une légéreté apparente qui ne peut aller avec ſon caractere viril ; caractere que le liſteau qui ſe remarque entre chaque cannelure des autres ordres, lui reſtitueroit : auſſi le plus grand nombre de nos architectes ont-ils obſervé ce liſteau à l'ordre dorique. Au reſte, les cannelures doivent s'employer avec diſcretion dans les colonnes & les pilaſtres. Cet enrichiſſement ſemble ne devoir avoir lieu que lorſque les membres principaux de l'ordre ſont ornés ; & dans ce cas il peut même être chargé de ſculpture pour plus de magnificence, & pour procurer à l'ordonnance un plus parfait aſſortiment, de maniere que la baſe, le fût & le chapiteau ne faſſent qu'un ſeul & même tout qui donne le ton au piédeſtal, à l'entablement & aux différentes parties de l'édifice.

Cette Planche, qui a pour objet d'offrir les chapiteaux des cinq ordres avec le chapiteau ïonique modernes, nous porte à dire un mot en particulier de leurs différentes moulures & ornemens.

Le chapiteau toſcan, le plus ſimple de tous, eſt compoſé d'un tailloir *a*, d'une cimaiſe *b*, d'un gorgerin *c*, plus d'un aſtragal *d*, mais qui appartient au fût de la colonne.

Le chapiteau dorique eſt compoſé des mêmes membres, mais il eſt plus orné de moulures ; la proportion de ſon ordre étant moins ruſtique qu'au précédent, il paroît convenable que la diviſion de ſes parties ſoient en plus grand nombre.

Le chapiteau ïonique, couronnement de l'ordre moyen, non-ſeulement eſt auſſi compoſé d'une plus grande quantité de moulures, mais il eſt enrichi d'ornemens & de volutes qui, ſelon l'opinion de pluſieurs hiſtoriens, ont été appliqués à cet ordre, d'après l'idée de la coeffure des dames de la Grece, à qui cet ordre féminin doit ſa proportion, comme l'ordre dorique maſculin doit la ſienne à la proportion d'un homme robuſte. Ce chapiteau nommé *antique*, differe de celui qu'on appelle *moderne*, en ce que ſes deux parties latérales ſont diſſemblables ; diſparité qui a fait imaginer à Scammozzy le ſecond chapiteau ïonique qui ſe remarque dans cette Planche, appellé communément *le chapiteau ïonique moderne*, & dont le plan du tailloir concave dans ſes quatre faces autoriſe huit volutes angulaires ; au lieu que les quatre faces rectilignes du chapiteau antique n'en peut recevoir que quatre, ſçavoir, deux ſur chaque face principale, & deux couſſinets dans ſes deux faces latérales, ainſi que Philibert Delorme l'a exécuté aux palais des Tuileries du côté des jardins.

Le chapiteau corinthien eſt regardé comme le chef-d'œuvre de Callimaque, ſculpteur grec, chapiteau qui a été imité par tous nos modernes, & qui n'a guere ſouffert d'altération que par la négligence de quelques-uns de nos artiſtes ; chapiteau enfin qui a donné naiſſance à l'ordre qui porte ſon nom, & qui eſt appellé par Scammozzy, en faveur de ſon élégance, *ordre virginal*. Ce chapiteau eſt compoſé de huit volutes *a*, de deux rangs de feuilles *b*, & de huit caulicules *c* ; ſes feuilles s'imitent de l'Olivier ou de l'Acante, ſelon leur application à l'Architecture. Les chapiteaux corinthiens de l'intérieur de l'égliſe du Val-de-grace paſſent pour les plus eſtimés de ceux qui ſe voyent à Paris.

Le chapiteau compoſite, ouvrage des Romains, n'eſt autre choſe que l'aſſemblage des feuilles du chapiteau corinthien, & des volutes du chapiteau ïonique moderne. Ces feuilles ſe font ordinairement à l'imitation du perſil, & quelquefois ſe ſymboliſent, à raiſon de la dédicace du monument où on les met en œuvre.

Il ſe fait encore d'autres chapiteaux qu'on appelle *compoſés*, parce qu'ils contiennent divers attributs relatifs à la guerre, aux beaux arts, à la marine, &c. mais ces ſortes de productions appartenant plûtôt à la Sculpture qu'à l'Architecture, ne doivent jamais faire changer de nom à l'ordre, comme l'ont prétendu pluſieurs de nos artiſtes, qui, en faveur de quelque altération qu'ils ont faite à leur chapiteau, ont donné à leurs colonnes ou pilaſtres le nom d'*ordre françois*, d'*ordre eſpagnol*, &c. comme ſi les ornemens conſtituoient l'ordre, & non le rapport de leur tige comparé avec leur diametre inférieur.

PLANCHE VIII.

Des entablemens.

Les entablemens ſont les couronnemens des ordres, chacun d'eux doit par ſa ſolidité, ſa légéreté, ſa ſimplicité ou la diviſion de ſes membres, porter le caractere de l'ordre auquel il appartient. Les cinq entablemens, tracés ſur cette Planche d'après Vignole, offrent ce que nous exigeons ici. La corniche toſcane eſt compoſée de trois membres principaux, ſçavoir, *a*, *b*, *c* ; la dorique de quatre, *a*, *b*, *c*, *d* ; l'ïonique, de cinq, *a*, *b*, *c*, *d*, *e* ; la corinthienne de ſix, *a*, *b*, *c*, *d*, *e*, *f* ; la compoſite, comme membre qui appartient à un ordre moins délicat par ſes ornemens que le corinthien, n'en a que cinq comme l'ïonique, ſçavoir, *a*, *b*, *c*, *d*, *e*.

Nous avons déja dit que les entablemens étoient compoſés de trois parties principales, ſçavoir, l'architrave A, la friſe B, l'entablement C. Les friſes ſont ordinairement des membres liſſes, à l'exception de celles de l'ordre dorique, & quelquefois de la corinthienne & de la compoſite, où l'on introduit des bas-reliefs de ſculpture,

ture des guirlandes, &c. Les architraves au contraire font ornées de moulures, mais avec cette différence qu'elles font méplates & feulement couronnées d'une cimaife. Les plates-bandes des architraves fuivent la progreffion des membres des corniches. Par exemple, l'architrave tofcan n'eft compofé que d'une plate-bande & d'un lifteau; le dorique, de deux & d'un lifteau; l'ïonique, de trois & d'une cimaife; la corinthienne eft auffi de trois plates-bandes & d'une cimaife, mais féparées chacune d'une moulure; la compofite, de deux, couronnées d'une cimaife.

De tous ces entablemens de Vignole, le tofcan, le dorique, & le corinthien méritent la préférence. Nous defirerions des modillons dans la corniche ïonique, ainfi que le propofe Palladio, & moins de pefanteur & de pauvreté dans la corniche & l'architrave compofites.

On appercevra par les cottes de ces entablemens le rapport que Vignole a cherché à donner à chacun d'eux; il nous fuffira feulement de faire remarquer ici que l'architrave tofcan eft de douze minutes de hauteur, la frife, de quatorze, la corniche, de feize, enfin la faillie, de dix huit; progreffion arithmétique qui rend fon procédé facile, & qui produit le plus grand effet, ainfi qu'on le peut voir dans la plûpart de nos édifices françois, où leurs ordonnateurs ont fuivi Vignole, de préférence à tous les autres commentateurs de Vitruve; favoir Hardouin Manfard, au tofcan de l'orangerie de Verfailles; François Manfard, au dorique du château de Maifons; Philibert Delorme, à l'ïonique du palais des Tuileries; Perrault, au corinthien du péryftile du Louvre; Le Veau, au compofite du château du Rinci; autant d'apologies pour Vignole, & d'autorités pour nos jeunes architectes. Cependant il faut convenir que le plus grand nombre, lorfqu'ils ont employé l'ïonique & le compofite, ont préféré les entablemens de Palladio; exemple, l'ïonique de la façade de Verfaillles, du côté des jardins, le compofite du palais des Tuileries, &c.

Lorfqu'on ne peut employer les trois membres de cet entablement, quelquefois on fupprime la frife, pour ne compofer alors qu'une corniche achitravée; mais cette licence n'eft bonne à mettre en œuvre que dans la décoration d'un appartement, & jamais dans les dehors, malgré l'ufage inconfidéré de plufieurs de nos artiftes à cet égard, un entablement mutilé ne pouvant raifonnablement fervir de couronnement à un ordre régulier, ainfi qu'on le peut remarquer dans les façades extérieures du château de Saint-Cloud, de celui de Montmorency, & ailleurs.

PLANCHE IX.
Des baluftrades.

Les ordres d'Architecture, dont nous venons de parler, ayant donné les proportions aux piédeftaux & aux entablemens, il eft naturel de penfer que tous les autres membres qui appartiennent à l'Architecture, doivent auffi tenir leurs proportions & leurs mefures de ces mêmes ordres, & qu'il doit y avoir autant de chaque efpece de membres qu'il y a d'efpeces d'ordres.

Les baluftres & les baluftrades, qui ordinairement fe placent aux piés des colonnes, ou qui leur fervent de couronnement, doivent donc non-feulement tenir leur expreffion des ordres, mais être de cinq efpeces, pour fatisfaire au caractere particulier de chacun d'eux confidéré féparément. Donnons les dimenfions de leurs principaux membres, d'après les mefures de celles qui nous ont paru exécutées dans nos bâtimens avec le plus de fuccès, & fans avoir égard à ce que nous en avons déjà dit ailleurs.

La baluftre, efpece de petite colonne, a donné le nom à la baluftrade, appui dont la hauteur eft ordinairement réglée entre deux piés & demi, & trois piés un quart. Il n'en eft pas de même des baluftrades qui fervent de couronnement aux ordres d'Architecture; elles doivent en apparence avoir le quart de la hauteur de la colonne, & en réalité un demi-module de plus. C'eft fur ces dernieres mefures que font deffinées les baluftrades de cette Planche; enforte que fi ces baluftrades de couronnement devoient fervir d'appui, on fupprimeroit la hauteur du

Architecture.

focle en-dedans, comme on le voit en A: car il faut obferver que dans tous les cas des baluftrades, le baluftre qui occupe la hauteur du dez B, foit égale au diametre de l'ordre, & que la tablette C foit de la hauteur du quart du baluftre; enforte que l'inégalité qu'on fera obligé de donner aux différentes hauteurs des baluftrades, fera portée fur celle du focle D, fans jamais rien changer ni aux baluftres ni à fa tablette. Suppofons donc ici une baluftrade de couronnement, & affignons un moyen de parvenir facilement à la divifion de fes parties, moyen qui fervira également aux baluftrades d'appui, excepté pour ce qui regarde la hauteur des focles fur lefquels fera rejettée la différence qu'on eft obligé de donner aux baluftrades, à raifon de leur application dans l'art de bâtir.

Soit donnée la hauteur d'une baluftrade *a*, *b*, réduite au quart de l'ordre, plus un demi-module; divifez cette hauteur *a*, *b* en neuf parties; donnez-en quatre au focle D, quatre au dez B, & une à la tablette C.

Pour trouver les dimenfions du baluftre, divifez *c*, *d* en cinq, & faites la hauteur du piédouche *e* d'une de ces parties; enfuite divifez *f*, *g* en cinq, donnez une de ces parties à la hauteur du chapiteau *h*; enfin divifez la hauteur *i*, *k*, entre le piédouche & le chapiteau, encore en cinq, & donnez trois de ces divifions au col *l*, & deux à la hauteur de la panfe *m*.

La largeur du col aura la moitié de la largeur de la panfe, & celle-ci le tiers de la hauteur du baluftre pour l'ordre corinthien, & les deux cinquiemes pour la panfe du baluftre tofcan, les autres par une moyenne arithmétique.

A l'égard des moulures qui diviferont les principaux membres des baluftres & des baluftrades, elles doivent être prifes dans celles des ordres auxquels appartiendra chaque baluftrade. Les contours du galbe, du col & de la panfe, doivent auffi dépendre de l'expreffion plus ou moins délicate de l'ordre; autrement on parviendroit peut-être à faire un bon baluftre, mais qui n'étant pas relatif à l'ordonnance dont il feroit partie, offriroit un baluftre ou une baluftrade tofcane fur une ordonnance corinthienne, ainfi qu'on le remarque au palais des Tuileries, ou une baluftrade corinthienne fur un ordre dorique, comme on le voit au Luxembourg.

PLANCHE X.
Des portes.

La proportion des portes, c'eft-à-dire le rapport de leur hauteur avec leur largeur, doit dépendre de l'expreffion de l'ordonnance dont elles feront partie. Les anciens & la plus grande partie des architectes du dernier fiecle, d'après le fentiment de Vitruve & de Vignole, ont donné à toutes les hauteurs de leurs ouvertures le double de leur largeur. Nos modernes ont penfé que cette hauteur commune à toutes les ouvertures, ne pouvoit aller aux cinq ordres, qui chacun ont des proportions différentes; en conféquence ils ont confervé la hauteur du double de l'ouverture, pour les portes tofcanes; ce double & un fixieme aux portes doriques; ce double & un quart, aux ïoniques; & ce double & demi, aux corinthiennes & compofites.

La forme des ouvertures eft encore une chofe effentielle à obferver. Il s'en fait de quatre manieres, favoir, de furabaiffées, comme la porte ruftique; de plein ceintre, comme la porte tofcane & corinthienne; de bombées, comme la porte dorique; à plates-bandes, comme la porte ïonique & la compofite. Mais il faut favoir que de ces quatre formes d'ouvertures, le plein ceintre & la plate-bande font les plus approuvées.

Après la proportion & la forme des portes, vient l'application de leurs ornemens. Ceux des portes ruftiques ne doivent être que des boffages *a*; ceux des portes tofcanes, des refends *a*; les portes doriques peuvent avoir des chambranles *a*, & être couronnées d'attique *b*; les portes corinthiennes peuvent avoir des amortiffemens *a*, & être enfermées dans une tour creufe, tel qu'on le remarque à la porte de l'hôtel de Conty, dont ce deffein eft une copie; les portes corinthiennes peuvent avoir pour enrichiffemens des piédroits *a*, des aletes *b*, des impoftes *c*, des alchivoltes *d*, des claveaux *e*,

B

& être furmontées de tables tranchantes *f*, ornées de guirlandes ; enfin, les portes compofites peuvent être ornées de chambranle *a*, d'amortiffement *b*, & d'un fronton *c*, ainfi que fe remarque celle du rez-de-chauffée de l'intérieur de la cour du Louvre ; autant de membres d'Architecture & d'ornemens qui peuvent fe varier à l'infini, mais dont l'application, le relief & l'expreffion doivent fe puifer dans les ordres, dans les entre-colonnemens defquels ces ouvertures font ordinairement placées.

PLANCHE XI.
Des croifées.

Les croifées doivent avoir les mêmes proportions que les portes, parce que toutes les ouvertures dans un bâtiment doivent avoir les mêmes rapports : les ornemens font à-peu-près dans le même cas, mais leur forme doit différer, les ceintres furbaiffés & les pleins ceintres ne convenant qu'aux ouvertures des portes ; & les arcs bombés & les plates - bandes femblant devoir être confacrés feulement aux ouvertures des croifées. Certainement chaque membre dans l'Architecture porte un caractere établi par l'ufage, dont on ne doit s'écarter que par de bonnes raifons : cependant cette confidération a paru arbitraire à la multitude ; d'où il eft réfulté qu'au lieu de faire de belles portes & de belles croifées dans nos bâtimens françois, on n'a plus fongé qu'à faire des percemens dans les murs de face, fans égard à la beauté des formes, à la conformité de l'ordonnance, & à la relation que les vuides doivent avoir avec les pleins, dans la décoration de nos édifices. C'eft en pure perte, pour le grand nombre qu'on remarque au Louvre, au Luxembourg, à la Sorbonne, des deffeins en ce genre d'un goût exquis ; on imite ceux des Tuileries, du Palais Royal, & tant d'autres fort au-deffous de ceux que nous citons, fans fonger que les croifées fe répétant à l'infini dans un bâtiment, c'eft vouloir multiplier la médiocrité, que de négliger l'étude de cette partie intéreffante de la décoration.

La croifée ruftique de cette Planche eft à appui plein : la tofcane offre un balcon de fer placé ici pour faire fentir l'abus de ce genre frivole, auquel on devroit toujours fubftituer une baluftrade, comme à la croifée dorique, fur-tout lorfque l'on eft forcé de faire defcendre le bas de l'ouverture jufques deffus le fol des appartemens. La croifée ïonique eft couronnée d'une mézanine, non que cette deuxieme ouverture foit toujours néceffaire, mais pour en préfenter un exemple. Les croifées corinthiennes & compofites font à l'imitation de celles du Louvre, & offrent autant de modeles qui peuvent fervir d'autorité, mais qui, comme les portes, peuvent fe varier à l'infini, felon l'application qu'on en veut faire dans l'Architecture.

PLANCHE XII.
Des niches & des frontons.

Les niches dans l'Architecture tiennent de la proportion des portes & des croifées. Ce font des cavités prifes dans l'épaiffeur des murs, deftinées à recevoir des ftatues. Il s'en fait de deux efpeces ; les unes quarrées par leur plan, & en plate-bande dans leur fommet, comme on le voit à la niche ruftique ; les autres, dont le plan eft décrit par un demi-cercle, & dont le fommet plein ceintre forme un cul de four, ainfi que le préfentent les autres niches de cette Planche.

Il faut obferver que, foit que le diametre des niches foit grand, petit ou moyen dans une même ordonnance de bâtiment, il faut que toutes puiffent contenir une figure de même grandeur, c'eft-à-dire égale au tiers de la hauteur de l'ordre qui préfide dans la décoration de l'édifice ; de maniere que, dans le cas où ce rapport ne pourroit avoir lieu, il faudroit éviter l'application des niches. Difons un mot du moyen de faire fervir les ftatues d'une hauteur égale dans des niches de différente grandeur. Par exemple, dans les petites niches on fe contentera de pofer fous les piés de la ftatue un focle, comme il s'en remarque dans les niches dorique, ïonique & corinthienne ; dans les moyennes niches, au lieu de focle, on placera un piédouche, comme dans les ni-

ches tofcane & ruftique. Enfin dans les grandes niches, non-feulement on groupera les figures, mais on placera un piédeftal, comme dans la niche compofite ; de maniere que par les différentes hauteurs des piédeftaux, des piédouches ou des focles, les ftatues d'une hauteur égale pourront être placées dans des niches de diverfes grandeurs.

En général il ne faut pas abufer de l'emploi des niches dans l'Architecture ; il devroit être réfervé pour les édifices facrés, les fontaines, les châteaux d'eau, & autres édifices hydrauliques. Dans les maifons des particuliers elles attaquent la folidité des murs, & ne préfentent à l'œil que des figures plus petites que nature, qui rendent l'ordonnance de la décoration chétive & mefquine ; ce qui ne peut arriver dans les monumens publics, à caufe de leur grandeur, toujours fort au-deffus de celle des bâtimens d'habitation.

Au bas de cette Planche on remarque plufieurs deffeins de frontons. La figure A donne la maniere de tracer leur hauteur par leur bafe, c'eft - à - dire que la perpendiculaire *a* du triangle ifocele *a*, *c*, *d*, qui les compofe, foit à la bafe *c*, *d* de ce triangle, comme cinq eft à vingt-quatre, ce qui eft la même chofe que le procédé de décrire le quart de cercle *d*, *e*, pour du point *e*, comme centre, tracer la portion *d*, *a* ; portion qui détermineroit la courbure du fronton circulaire, de même hauteur que le fronton triangulaire.

En général les frontons circulaires ont plus de pefanteur réelle, & préfentent une forme plus matérielle à l'œil que les triangulaires ; auffi doit-on ne les employer que dans les ordonnances ruftique & tofcane, malgré la multitude d'exemples contraires.

La figure B préfente la forme d'un fronton la plus réguliere, c'eft - à - dire un entablement continu & une corniche angulaire ; à l'égard des ornemens de fculpture, le mieux feroit de n'en jamais mettre deffus les frontons, parce que c'eft employer deux amortiffemens pyramidaux l'un fur l'autre ; mais particulierement on devroit toujours éviter les figures *a* pofées fur les corniches inclinées, le focle horifontal *b* femblant autorifer celle *c*, ainfi qu'on le remarque avec fuccès au château de Seaux, du côté de l'entrée. Au contraire le tympan *d* devroit toujours être deftiné à recevoir quelques bas reliefs, & c'eft à quoi fe devroit réduire toute la richeffe de ces couronnemens, qui néanmoins, comme les niches, devroient être confacrés pour la décoration de nos temples, ou n'être employés que fur les avant- corps principaux des palais des Rois & des édifices publics, & jamais dans la décoration des bâtimens particuliers.

La figure C offre la coupe ou profil du fronton B.

La figure D fait voir la partie angulaire de l'extrémité du fronton, tel qu'on l'exécute dans l'Architecture réguliere, de préférence à la croffette que préfente la figure E, qui, de même que celles F, G, ne font placées ici que comme des exemples à éviter, ainfi qu'une infinité d'autres frontons enroullés, découpés, chantournés ; productions gothiques qui ne font imitées de nos jours, que par les architectes fubalternes, & que les grands maîtres favent rejetter.

SECONDE PARTIE.

Obfervations générales fur les trois ordres grecs appliqués en particulier à plufieurs monumens érigés pour la magnificence.

LA connoiffance des ordres que nous venons d'acquérir feroit infuffifante, fi nous ne cherchions pas à connoître l'application que nous en devons faire dans la décoration des bâtimens. Nous avons déjà dit qu'il en étoit de cinq efpeces, trois grecs & deux romains. Les trois Planches fuivantes vont nous offrir l'application des trois premiers dans la fontaine de Grenelle faubourg S. Germain, d'ordre ïonique ; dans le projet d'une autre fontaine, d'ordre dorique ; & dans la colonade du Louvre, d'ordre corinthien. A l'égard des deux derniers, tofcan & compofite, production des Romains, nous n'avons point donné d'exemple de leur application dans l'Architecture : il suffit de savoir que le toscan, ordre rustique, ne doit être employé que dans les ouvrages militaires, ou dans l'Architecture civile, dans les dépendances des grands bâtimens, tels qu'aux orangeries, comme à Versailles, aux écuries, &c. & que l'ordre composite, composé lui-même des autres ordres, mais toujours d'une expression corinthienne, ne peut guere être employé que dans les décorations théatrales, aux fêtes publiques, dans les pompes funébres, &c. malgré l'usage qu'en ont fait quelques-uns de nos architectes au portail des Minimes, au château de Clagny, &c.

Nous ne craignons pas de l'avouer ici ; la juste application des ordres à l'Architecture est plus essentielle que l'on ne se l'imagine ordinairement. Combien ne voyons-nous pas de bâtimens dont l'usage intérieur exige extérieurement un air de solidité, & qui ont pour décoration dans leur dehors un ordre moyen ou délicat ; & d'autres dont la destination semble exiger de l'élégance, avoir dans leur façade un ordre ou une expression rustique, comme s'il étoit indifférent de négliger la relation que ces deux parties doivent avoir ensemble ? Mais passons aux explications des trois Planches de cette deuxieme partie ; elles nous donneront occasion de discuter plus précisément l'opinion des architectes modernes à cet égard.

PLANCHE XIII.

Fontaine de Grenelle, faubourg S. Germain.

Ce monument élevé par la ville de Paris en 1739, sur les desseins de M. Bouchardon, Sculpteur du Roi, qui a présidé à la conduite de l'Architecture, & exécuté la sculpture qui s'y remarque, est un des édifices modernes qui fait le plus d'honneur à notre siecle. En effet une architecture pure, un appareil correct, une construction solide & une sculpture admirable, font autant de beautés réunies qu'on rencontre difficilement ailleurs. Nous ne parlerons point ici de la situation de ce monument ; personne n'ignore que ce chef-d'œuvre méritoit un tout autre point de vûe : mais, nous l'avons déja dit, cette partie est trop négligée en France. Nous ne pouvons dissimuler encore que l'ordre ïonique qui détermine le caractere de l'ordonnance de ce monument, non-seulement n'exprime pas assez de solidité, mais paroît d'un trop petit module pour l'étendue de l'édifice. Il semble que l'ordre dorique devroit être le propre des bâtimens de l'espece dont nous parlons. Une fontaine suppose des voûtes dans son intérieur, d'épaisses murailles, un volume d'eau dont le poids est considérable, une humidité difficile à parer ; autant de motifs qui veulent être annoncés dans la décoration de ses dehors, par un caractere viril que l'ordre ïonique ne peut offrir. Nous concevons bien que cette fontaine est dédiée à la ville de Paris, & que cette divinité féminine a pû autoriser l'ordre ïonique dans le frontispice du temple qui paroît être élevé derriere elle. Mais nous le pensons ainsi. Le premier mérite de l'artiste est de faire ensorte de concilier les accessoires de la décoration avec la convenance de l'édifice. Le premier objet qui doit frapper l'œil du spectateur, c'est le caractere propre de la chose ; autrement, l'esprit est distrait : on remarque bien les beautés de détail ; mais les vraies beautés sont celles de l'ensemble ; toutes les autres doivent lui être subordonnées. Au reste, cette réflexion, qui nous est particuliere, n'empêche pas que ce monument ne soit très-recommandable : aussi l'avons-nous préféré dans cette collection, pour exemple, à la fontaine des Innocens, autre chef-d'œuvre, mais dont l'architecture corinthienne nous a paru encore plus desassortie à l'idée qu'on doit se former d'un bâtiment hydraulique.

Comme il ne s'agit dans cette deuxieme partie que de l'application des ordres à l'Architecture, & non de la description de chaque monument en particulier, nous n'entrerons dans aucun détail pour ce qui regarde la beauté de l'ordonnance, ni sur le choix des parties, ni sur la maniere de profiler, ni sur la distribution des ornemens. L'aspect du lieu, ou l'inspection de la Planche que nous donnons, dédommageront suffisamment de notre silence à cet égard.

PLANCHE XIV.

Autre fontaine d'ordre dorique.

Nous venons d'éprouver en quelque sorte, à-propos de la Planche précédente, la nécessité de faire choix de l'ordre dorique pour la décoration des bâtimens hydrauliques. Nous ajoutons ici cet exemple, non pour nous mettre en parallele avec l'habile artiste qui a donné les desseins de la treizieme Planche, mais pour donner à connoître si une plus grande architecture, une sculpture moins colossale, & l'application de l'ordre viril, peuvent convenir plus véritablement aux monumens dont nous parlons ; nous convenons qu'alors la virilité de cet ordre semble exiger des ornemens & une sculpture qui lui soit assortie, & qu'en conséquence il conviendroit de dédier l'édifice à Neptune, à quelque fleuve, &c. plutôt qu'à Amphytrite, à quelques Nayades, &c. Mais en supposant que le lieu où se doit élever le monument, ne permette que des attributs ou des allégories féminines, il nous semble qu'il seroit préférable, malgré l'analogie que doit avoir la Sculpture avec l'Architecture, de rendre cette derniere relative au genre de l'édifice, comme l'objet principal, plutôt que de chercher à la faire dépendre des accessoires. Ajoutons à cela, que cet ordre, quoique solide, peut s'enrichir & se disposer de maniere à pouvoir recevoir tel symbole que la nécessité semblera exiger.

Si ce que nous avançons paroît avoir quelque fondement, il n'est donc pas aussi indifférent qu'on se l'imagine ordinairement, d'appliquer un ordre plutôt qu'un autre dans un édifice de genre différent ; ce qui n'arrive le plus souvent que parce qu'on ignore le vrai caractere, la véritable expression de chacun d'eux. Nous l'avons déja dit, nous le répétons, l'ordre toscan ne devroit jamais être employé que pour les ouvrages militaires, ou dans l'Architecture civile pour les dépendances des bâtimens d'habitation de quelque importance ; l'ordre dorique, pour les édifices publics ; l'ordre ïonique, pour les maisons de plaisance, l'ordre corinthien, pour les palais des Rois ; l'ordre composite aux monumens élevés pour la magnificence. Mais comme notre objet dans ces élémens est de ne parler que de l'application des trois ordres grecs, dorique, ïonique & corinthien, & que nous n'avons point d'édifice dorique régulier à citer en France, nous avons donné ce dessein de fontaine d'ordre dorique (a) afin de prendre occasion de parler de ces trois ordres en particulier, & de leur application en général dans l'Architecture.

Nous venons de dire qu'il n'y avoit point d'ordre dorique régulier. Avant de passer à l'ordre corinthien, disons un mot de ce que nous entendons par la régularité de cet ordre.

Les Grecs, à qui nous devons la découverte des proportions de l'ordre dont nous parlons, avoient conçu qu'une de ses beautés principales devoit consister dans la symétrie ; ce qu'ils ont exécuté avec le plus grand succès ; mais comme ils n'accouploient pas les colonnes, & que les modernes en ont connu la nécessité à certains égards, plusieurs ont tenté en vain de concilier cette régularité des Grecs avec les accouplemens ; ensorte que les uns ont fait pénétrer les bases & les chapiteaux, comme on le voit au portail des Minimes ; les autres, pour éviter ce défaut, ont fait leurs métoples oblongues ou barlongues, comme on le remarque à Saint Gervais ; ceux-ci ont renflé leurs colonnes, comme au bureau des marchands drapiers ; ceux-là ont donné un module de plus à leur ordre, comme au portique de la cour royale du château de Vincennes ; autant de tentatives infructueuses que d'autres enfin ont cru éviter, en se privant de l'application de cet ordre dans leurs productions : extrémité peut-être plus condamnable encore, parce qu'elle détruit l'esprit de convenance, & qu'elle prive la plus grande partie de nos édifices du caractere qui leur convient. Tant d'irrésolutions & d'incertitude nous ont

(a) Cette Planche auroit dû précéder la fontaine de Grenelle : mais comme cette ordonnance dorique est de notre composition, nous avons jugé à propos dans ces élémens de faire passer la production de M. Bouchardon avant la nôtre, comme un juste tribut que nous devons aux ouvrages de cet artiste célebre.

portés à chercher un moyen moins imparfait que tous les précédens, & que nous avons employé dans plus d'une occasion avec quelque avantage. Nous en allons donner le précis.

La difficulté de l'accouplement consiste en ce que les Grecs n'ont donné de l'axe d'un triglyphe à l'autre, que deux modules & demi, qui valent trente minutes, le métople étant d'un module & demi, & le triglyphe d'un module, & que lorsque les colonnes & les pilastres sont accouplés, il faut nécessairement que d'un axe de colonne à l'autre il y ait trente-quatre minutes, chaque demi-diametre étant d'un module, & chaque base de cinq minutes, ensorte que trente minutes données par les Grecs, ne pouvant satisfaire à trente-quatre minutes qu'exige l'accouplement des modernes, il faut nécessairement hausser la frise de l'entablement de trois minutes, qui, au lieu de dix-huit, en aura vingt-un, pour donner ensuite vingt minutes à la largeur du métople, & quatorze à celle du triglyphe, qui ensemble égaleront trente-quatre minutes nécessaires pour le bas des colonnes accouplées deux à deux. De ce procédé il s'ensuit à la vérité que l'entablement acquiert trois minutes de plus que le quart de la hauteur de la colonne; mais il faut observer que non-seulement cette proportion a été sujette à variation dans tous les tems; que d'ailleurs cette partie supérieure est toujours fort élevée de l'œil du spectateur; & qu'enfin cette augmentation est préférable à faire un entablement de quatre modules un quart porté sur une colonne dorique de dix-sept modules, ainsi que Le Vau l'a pratiqué à son portique de Vincennes déja cité; système qui renverse les lois fondamentales de l'art, & qui ôte absolument à l'ordre le caractere de virilité qu'il nous paroît essentiel de lui conserver.

Ce moyen qui n'est pas sans inconvénient, nous paroît moins licencieux que tous les autres, & peut faire appliquer cet ordre à tous les édifices où son expression paroîtroit convenable, en observant cependant que les mesures que nous venons de donner, ne regardent que les angles saillans, & que lorsqu'il paroîtra nécessaire, pour donner plus de mouvement à son ordonnance, de pratiquer des angles rentrans qu'il faudra donner à ces derniers d'un axe de triglyphe à l'autre, trente-sept minutes, au lieu de trente-quatre, afin que les mutules placés sous le sophite du larmier supérieur de la corniche soient aussi sans aucune espece de pénétration. Autrement, on ne doit faire aucun cas de la décoration de ce genre, parce que celle-ci n'étant mise en œuvre que pour embellir nos édifices, elle doit plaire à tous les yeux, loin d'offrir la confusion & le désordre qu'on remarque dans presque tous nos bâtimens françois où cet ordre préside. (*Voyez ce que nous avons déja dit des fontaines*, Tome VII. page 102.)

TROISIEME PARTIE.

Observations générales sur les édifices sacrés, appliquées en particulier à une abbaye.

LEs édifices sacrés sont de tous les bâtimens ceux qui devroient annoncer le plus de grandeur, de dignité & de majesté, & rien n'est si négligé que la plûpart de nos églises. En général nos églises paroissiales, & particulierement les modernes, n'ont point ce caractere; elles ne sont point assez vastes pour contenir les différens genres d'ornemens dont on décore l'intérieur, & le plus souvent ces décorations sont plus théatrales que convenables à la maison du Seigneur.

Cette courte réflexion n'empêche pas que nous n'applaudissions aux chefs-d'œuvre que renferment la plûpart de nos monumens sacrés, mais nous n'en sommes pas moins forcés de convenir qu'à l'exception de quelques édifices gothiques, nous n'avons gueres d'ouvrages modernes qui méritent quelque considération, & que le Val-de-Grace, la Sorbonne, l'Oratoire, sont peut-être les seules églises en cette ville qui offrent le plus d'objets conformes à l'idée qu'on doit se former de l'ordonnance, de la décoration & de la disposition de nos temples.

Nous pourrions pousser plus loin nos observations critiques, & nous étendre sur les reproches que l'on

peut légitimement faire à nos églises; nous pourrions aussi entreprendre ici l'éloge de l'église de sainte Geneviève, qui se bâtit de nos jours sur les desseins & sous la conduite de M. Soufflot, contrôleur des bâtimens de Sa Majesté; & celui de la nouvelle paroisse de la Magdeleine, qui va s'élever sur les desseins de M. Contant, architecte du Roi, & dont les plans, approuvés de la Cour & des connoisseurs, promettent les plus grands succès: mais obligés de nous renfermer dans l'explication de nos Planches, & de supprimer tous les détails qui ne sont pas essentiels, nous passons au projet qui a été fait pour l'abbaye de Panthemont (a) par M. Franque, aussi architecte du Roi, & que nous donnons plûtôt que l'édifice érigé par M. Contant pour la même abbaye, parce que nous donnons les nouvelles décorations intérieures du Palais-royal, exécutées sur les desseins de M. Contant.

PLANCHE XVI.

Plan au rez-de-chaussée du projet de l'abbaye de Panthemont.

L'église du plan que nous donnons ici, ne paroît pas d'abord un projet considérable, en comparaison des monumens que nous venons de citer; mais néanmoins la régularité de son ordonnance extérieure & intérieure, & la simplicité louable de sa décoration, la rendent digne d'être mise en parallele avec les deux églises des dames de sainte Marie, l'une à la porte S. Antoine, l'autre à Chaillot, aussi-bien qu'avec celle des dames de l'Annonciade à S. Denis; ouvrages du premier mérite en ce genre; toutes trois exécutées sur les desseins des Mansards. D'ailleurs nous avons choisi ce projet d'abbaye plutôt que celui d'une église paroissiale, à cause des bâtimens qui le composent, & dont la distribution nous rapproche davantage de la partie de l'Architecture qui intéresse le plus grand nombre.

PLANCHES XVII. & XVIII.

La Planche dix-septieme offre la distribution du premier étage, & la dix-huitieme tous les supplémens que n'ont pu contenir les deux plans précédens; en sorte que par ces trois Planches, on est en état de concevoir toutes les parties d'utilité, de commodité & d'agrément qu'il convient de donner à une abbaye royale destinée à contenir une abbesse, un certain nombre de religieuses, des dames pensionnaires de dehors, des demoiselles pensionnaires logées dans l'intérieur, & généralement toutes les pieces principales, pourvûes des dégagemens qui leur sont relatifs. La grandeur de l'echelle de ces plans, & la précaution que nous avons prise de décrire l'usage de chacun, nous dispense d'entrer dans un plus grand détail.

PLANCHE XIX.

Cette Planche offre le frontispice de l'église & la façade extérieure des bâtimens du côté de la rue. Ces derniers sont d'un bon style, & se lient heureusement par le moyen de la tour creuse, avec le portail de l'église d'ordonnance grave & reguliere, & où cependant un ordre ïonique eût peut-être été plus convenable que le dorique, comme on le voit du côté des jardins.

PLANCHE XX.

Cette Planche fait voir la façade du côté des jardins, qui ayant trente-huit toises quatre piés de longueur, a pu être divisée par trois avant-corps & deux arriere-corps; les trois premiers sont revêtus de pilastres ïoniques, les deux derniers n'en ont seulement que l'entablement. Ce bel étage est élevé sur un soubassement, genre d'ordonnance préférable à beaucoup d'égards à deux ordres pratiqués l'un sur l'autre, qui non seulement deviennent monotones, mais ne distinguent jamais l'étage supérieur d'avec l'inférieur.

(a) Nous avions promis dans le quatrieme Volume, p. 420. de donner les desseins de l'abbaye de Corbie, par M. Franque, & celle de Clairvaux, par M. le Carpentier; mais nous nous sommes décidés sur celle de Panthemont, aussi du dessein de M. Franque, & préféré l'hôtel-de-ville de Rouen, par M. le Carpentier, afin de jetter plus de variété dans cette collection.

PLANCHE XXI.

Cette Planche offre la coupe prife dans le plan du rez-de-chauffée fur la ligne D, E. On remarque dans cette coupe l'intérieur de l'églife, celle du chœur des dames religieufes, le profil du grand efcalier, & les développemens de la maçonnerie & de la charpente de la plus grande partie de ce monument. On y remarque auffi, quoiqu'en petit, ce genre de la décoration & des ornemens, dont le ftyle ne peut faire que beaucoup d'honneur à M. Franque, dont nous poffédons à Paris & dans la plus grande partie de nos provinces des ouvrages très-eftimés.

QUATRIEME PARTIE.

Obfervations générales fur les édifices publics, appliquées en particulier à un hôtel-de-ville.

APrès les temples, les édifices publics tiennent le premier rang dans l'Architecture, ce font eux qui annoncent l'opulence des cités, la fplendeur des nations, & la bienfaifance des princes. On comprend fous le nom d'*édifices publics*, les hôtels-de-ville, les bourfes, les hôtels des monnoies, les bibliotheques, les manufactures, les places, les marchés, les prifons, les hôpitaux, les arcs de triomphe, les ponts, les fontaines, & généralement tous ceux qui contribuent à l'embelliffement, à l'utilité & à la fureté des villes.

Ces divers bâtimens doivent s'annoncer en général par une grandeur relative à leurs efpeces & à l'importance des capitales où ils fe trouvent élevés, par une architecture qui n'ait rien de petit, par une ordonnance fimple mais noble, par une conftruction folide, & particulierement par de belles iffues qui les préfentent avec dignité.

La plûpart de nos édifices publics manquent affez effentiellement d'une partie de ces avantages, le plus grand nombre n'ayant pas été élevés pour leurs deftinations actuelles, tels que la bibliotheque du Roi, la bourfe, la manufacture des Gobelins, l'hôtel des Monnoies, &c. d'un autre côté, notre hôtel-de-ville, nos marchés & nos hôpitaux font d'une ftructure fi ancienne, qu'ils ne peuvent fervir d'exemple ni d'autorité; en forte que nous n'avons d'affez véritablement beaux édifices du genre dont nous parlons, que la porte triomphale de S. Denis, la fontaine de Grenelle, plufieurs ponts & quelques places qui diftinguent cette capitale des autres capitales du Royaume.

Choififfons en particulier un feul de ces monumens élevé de nos jours avec éclat dans l'une de nos provinces, & d'après cet exemple, rapportons une partie des précautions qu'on doit prendre & qui doivent être communes à toutes, ces explications ne pouvant nous permettre de détails particuliers fur chacun de nos édifices publics.

PLANCHE XXII.

L'hôtel-de-ville de Rouen, élévation du côté de la place royale.

Ce monument, commencé à bâtir en 1758 par la ville de Rouen, fur les deffeins de M. le Carpentier, architecte du Roi, a été projeté avec toutes les précautions que nous venons d'obferver plus haut, c'eft-à-dire que non feulement l'architecte & les officiers municipaux fe font propofés d'élever le monument dont nous parlons, mais de prévoir le bon effet qu'il pourroit acquérir encore en le fituant de maniere à être apperçu d'un éloignement convenable, tel, par exemple, que de la métropolitaine d'une part, & de l'hôtel-Dieu de l'autre, tous deux éloignés de 530 toifes, diftance à-peu-près au milieu de laquelle eft placé l'hôtel-de-ville dont nous parlons. A cette fituation avantageufe on a obfervé une principale rue bien dreffée & bien alignée, & d'un côté une place royale de 58 toifes de longueur fur 45 de largeur, de l'autre un jardin de 64 toifes de longueur fur 36 de largeur; & enfin d'une double place publique quadrangulaire & à pans d'environ 50 toifes de diametre; projet immenfe conçu en grand, bien percé, & toujours le pre-

Architecture.

mier objet qui doit occuper les ordonnateurs & l'architecte.

La façade de cet hôtel-de-ville du côté de la place royale, eft d'ordre ïonique, de deux piés & demi de diametre, élevé fur un foubaffement, & chargé de refend: au-deffus des deux étages, fur l'avant-corps du milieu feulement, s'éleve un attique furmonté d'un dôme qui eft terminé par un béfroi: dans le foubaffement des deux pavillons de cette façade, font placées des fontaines avec des infcriptions: enfin aux pieds de cet édifice, regne une terraffe continue qui empatte tous ce bâtiment, & lui procure un caractere de fermeté, le propre des édifices publics. Nous ne parlerons point ici des détails (*a*).

(*a*) On peut voir cette difpofition générale dans la collection de ce projet que M. le Carpentier a fait graver.

On conftruit auffi maintenant à Reims, fous la conduite & fur les deffeins de M. le Gendre, ingénieur de la province de Champagne, une place publique qui réunit la nobleffe, la fimplicité, & la convenance. Elle fera décorée d'une ftatue pédeftre de Louis XV. protecteur du Commerce & des Lois, de l'exécution de notre célebre Pigal.

CINQUIEME PARTIE.

Obfervations générales fur les Maifons royales & les Palais, appliquées en particulier à un grand Hôtel.

LEs maifons royales & les palais des rois doivent être confidérés comme des bâtimens d'habitation de la plus grande importance, & comme tels ils n'ont pu entrer dans cette collection; ce qui fait que nous nous fommes réduits à donner les deffeins d'un grand hôtel, demeure qui, après les palais & les maifons royales, doit tenir le premier rang. Nous dirons feulement ici que les maifons royales ne different des palais qu'en ce que ceux-ci font ordinairement élevés dans les capitales, les maifons royales à la campagne. La difpofition de ces dernieres & l'ordonnance de leurs façades, doivent par cette raifon avoir un caractere moins grave dans leur décoration, & une fermeté moins abfolue dans les parties qui les compofent. On doit regarder les palais comme le lieu de la repréfentation du monarque, les maifons royales feulement comme la demeure du prince, où dans la belle faifon il vient avec fa famille & fes courtifans fe délaffer des foins du gouvernement.

Dans les palais il faut un caractere noble & une magnificence impofante, dans les maifons royales il fuffit d'y obferver de la grandeur & de l'agrément. Au refte l'agrément dont nous voulons parler doit moins s'entendre ici de l'ordonnance de leur décoration que de la fituation avantageufe du lieu, de leurs iffues agréables, de leurs dépendances afforties, & de l'étendue de leurs jardins de propreté; l'ordre ïonique peut être préféré pour les dehors, le corinthien pour les dedans. Ces ordres femblent autorifer une certaine réitération dans les avant-corps & les pavillons extérieurs, & une certaine élégance dans les appartemens, qui affignent à ces édifices le ftyle qui leur eft propre.

Trianon pourroit être confidéré comme une affez belle maifon royale, s'il n'étoit pas fitué fi près de Verfailles. Ce n'eft pas qu'on ne puiffe admettre plufieurs étages dans un bâtiment de l'efpece dont nous parlons; mais la fuppreffion des combles de Trianon, l'ordre ïonique qui y préfide, la beauté de fes jardins, tout y concourt à nous donner une idée de l'agrément que nous recommandons.

Marli peut être auffi confidéré comme une maifon royale plûtôt que comme un château, rien n'annonçant à Marli ce caractere.

Il nous feroit plus difficile encore de citer plufieurs exemples de palais à Paris. Le Luxembourg & le Palais-royal ont un caractere de pefanteur dans les maffes & de fi petites parties dans les détails, qu'ils ne peuvent fervir d'autorité. Le palais des Tuileries, quoique contenant plus d'un chef-d'œuvre, eft compofé d'une architecture fi défaffortie, qu'il eft prefque dans le cas du précédent. A l'égard du palais Bourbon, il eft d'une ordonnance fi mefquine, & chargé de détails fi peu corrects, qu'il eft moins capable qu'aucun d'être imité pour ce genre de productions. Au défaut de tels exemples, citons quelques-uns de nos beaux hôtels, & difons un mot de l'ordonnance qui les doit caractérifer.

C

Les hôtels, demeures des grands seigneurs, font des bâtimens élevés dans les capitales, & où ils font habituellement leur résidence. Le caractere de leur décoration exige une beauté assortie à la naissance & au rang des personnes qui les font bâtir; néanmoins ils ne doivent jamais annoncer cette magnificence réservée seulement pour les palais des rois.

C'est de cette diversité de rang, du monarque aux grands princes, & de ceux-ci aux sujets, que doivent naître nécessairement les différens caracteres d'édifices; connoissances indispensables qui ne peuvent s'acquérir que par l'étude de l'art, & particulierement par l'usage du monde; c'est par ce dernier, n'en doutons point, qu'on arrive à la convenance, qu'on observe les bienséances, que le jugement s'acquiert, que l'ordre naît dans les idées, que le goût s'épure, & qu'on apprend à connoître positivement le caractere propre qu'il faut donner à chaque bâtiment. Certainement le rang du personnage qui fait bâtir, est la source où doivent se puiser les différens genres d'expressions dont nous voulons parler: or comment y arriver sans l'usage du monde, qui nous apprend à distinguer tous les besoins & le style convenable à telle ou telle habitation érigée pour tel ou tel propriétaire? Par exemple, la demeure d'un prince (*a*) destiné par sa naissance au commandement en chef des armées; celle d'un prélat (*b*) appellé au pontificat par une longue habitude au sacerdoce; celle d'un premier magistrat (*c*), ou celle d'un ministre éclairé chargé du gouvernement, ne doit-elle pas s'annoncer différemment, & différer particulierement de celle d'un maréchal de France, ou d'un autre officier général, de celle d'un évêque ou d'un autre dignitaire ecclésiastique, de celle d'un président à mortier, *&c. &c.* personnages qui ne tenant pas le même rang dans la société, doivent avoir des habitations dont l'ordonnance annonce la supériorité ou l'infériorité des différens ordres de l'état? Les premieres demeures, par exemple, seront des palais, palais de la seconde classe à la vérité; les deuxiemes, seulement de grands hôtels; dans celles-là on y observera avec certaines modifications le caractere que nous avons désigné pour la demeure des têtes couronnées; dans celle-ci, une ordonnance plus simple: mais dans toutes les deux, pour la demeure du militaire, on devra faire présider un caractere martial, annoncé par des corps rectilignes, par des pleins à-peu-près égaux aux vuides, & par une Architecture qui puise sa source dans l'ordre dorique. Pour la demeure de l'homme d'église, on fera choix d'un caractere moins sévere, qui s'annoncera par la disposition de ses principaux membres, par des repos assortis, & par un style soutenu, qui ne soit jamais démenti par la frivolité des ornemens; enfin, pour la demeure du magistrat, on saisira un caractere qui devra se manifester par la disposition générale de ses formes, & la distribution de ses parties, les seuls moyens de parvenir à désigner sans équivoque dès les dehors de l'édifice, la valeur, la piété, l'urbanité. Au reste, nous le répétons, il faut se ressouvenir d'éviter dans les différens genres de composition la grandeur & la magnificence du ressort des palais des rois; la grandeur, parce que l'intérieur des appartemens étant nécessairement moins vastes chez les particuliers que chez les grands, les hauteurs des planchers doivent produire dans les dehors moins d'élévations, moins de magnificence, parce qu'il est de convenance que les ornemens soient répandus avec moins de ménagement dans les maisons royales, que dans toute autre espece de bâtiment. Nous venons de dire que l'hôtel d'un militaire (*d*) devoit annoncer un caractere martial; pour cela on fera choix de l'ordre dorique, parce que cet ordre étant considéré comme celui des héros, il convient que ce soit de cet ordre que soient puisés tous les membres d'Architecture qui entreront dans son ordonnance. Nous avons dit aussi qu'il étoit nécessaire que la résidence des prélats (*e*) annonçât moins de sévérité; pour cela on devra choisir l'ordre ïonique, moins solide que le précédent, pour

(*a*) Telle que celle du duc d'Orléans.
(*b*) Telle que celle de l'Archevêque de Paris.
(*c*) Telle que celle du chancelier de France.
(*d*) Tel que celui de Soubise.
(*e*) Telle que l'*hôtel de Rohan.*

désigner l'aménité qui doit caractériser l'habitation de l'homme d'église. Enfin nous avons recommandé que l'urbanité s'annonçât dans la décoration des façades de la demeure des magistrats (*f*); pour cet effet, on devra faire usage de l'ordre composite, qui par la double application de ses ornemens & sa proportion moins virile encore que le dorique & l'ïonique, paroît propre à annoncer à l'esprit les différentes fonctions de la magistrature. Ce n'est pas que l'ordre dorique ne pût être employé convenablement dans l'ordonnance de ces trois hôtels; mais indépendamment qu'il paroît nécessaire d'apporter une sorte de variété dans l'ordonnance de nos édifices, il est important encore d'appeller à son secours l'expression de différens ordres, pour tâcher d'amener sur la scene dans les diverses productions des membres d'Architecture & des ornemens qui appartenant à ces ordres, contribuent à faire reconnoître avec moins d'équivoque l'usage particulier de chacun des bâtimens de même genre; sans parler ici de ceux de genre différent, qui exigent à plus forte raison, chacun séparément, un caractere distinctif, d'où dépend le véritable succès de la décoration de toutes les especes de productions en Architecture. Passons à-présent au projet d'un grand hôtel de notre composition, dans lequel nous avons tâché de faire entrer la plus grande partie des pieces de parade, de société & de commodité avec les dépendances qui leur sont nécessaires.

PLANCHE XXIII.

Projet d'un grand Hôtel de quarante toises de face.

Persuadés que le premier mérite d'un plan consiste dans la beauté des enfilades principales, nous les avons observées ici, & avons pris soin de les exprimer par des lignes ponctuées. Nous avons aussi fait en sorte que le centre du grand salon se rencontre dans les deux maîtresses enfilades, avantage considérable, & qui se trouve rarement dans nos édifices françois, à l'exception de nos maisons royales. Une des choses qui nous a paru aussi fort essentielle, c'est que des péristiles amenent à couvert depuis l'entrée de l'hôtel jusqu'aux appartemens. D'ailleurs ces péristiles en colonades donnent un air de dignité à ces sortes d'habitations, qui les distinguent des maisons ordinaires, sans pour cela leur donner la somptuosité des palais des rois, qui se manifeste non-seulement par beaucoup plus d'étendue, mais encore par des avant-cours, des places d'armes, & une infinité d'autres dépendances de leur ressort. Peut-être eût-il été bien aussi d'observer dans cette distribution un porche, qui de la cour d'honneur eût fait descendre les maîtres à couvert dans leur appartement; mais il s'agissoit de faire ici un grand hôtel de 75 toises de largeur entre deux murs mitoyens, & de l'annoncer par une grande cour qui indiquât par son aspect le rang du personnage qui devoit l'habiter; ensorte que les basses-cours devenant petites, ne pouvoient raisonnablement permettre le porche que nous désirons ici. A ce défaut, que nous avouons n'être pas peu considérable, voici comme on y pourroit remédier: ce seroit d'avancer de neuf à dix piés les six colonnes de front placées au-devant du vestibule, ensorte que les voitures pourroient passer entre ces colonnes & les murs de face, moyen qui peut se mettre en pratique dans cette distribution, mais qui ne peut avoir lieu que dans le cas d'une cour d'un certain diametre, à cause de l'échappée des carrosses & de la pente du pavé qu'il est nécessaire de gagner de loin, pour que le sol du porche proposé se trouve, à quelque chose près, à niveau du vestibule. Nous nous sommes contentés d'annoncer cette saillie, sans l'exprimer sur cette Planche. Nous avouons sincérement que cette idée ne nous est venue que depuis sept ou huit années que ce projet est gravé; tems depuis lequel nous avons apperçu plus d'une fois l'incommodité que les grands éprouvent, de n'arriver pas à pié sec dans l'intérieur de leur habitation, avantage néanmoins qui se rencontre rarement dans nos hôtels, mais que nous conseillons à tous les propriétaires & à nos jeunes architectes, comme un des points essentiels pour ce qui regarde la commodité.

(*f*) Telle que pourroit être l'hôtel Molé.

Nous avons pris foin d'écrire le nom & l'ufage de chaque piece de ce plan, & de défigner par la lettre A toutes celles qui compofent l'appartement de parade, par la lettre B celles qui déterminent l'appartement de fociété, & enfin par la lettre C les deux appartemens privés, placés en aîles & donnant fur les jardins fleuriftes, auffi-bien que celui deftiné pour les bains, rangé auffi dans la claffe de ces derniers. Toutes les autres pieces comprennent le département de la bouche, des écuries & des remifes, avec leurs dépendances; ce qui nous difpenfe d'entrer dans un plus long détail. (D'ailleurs nous renvoyons au mot *Diftribution*, quatrieme Volume, p. 1063). Nous avertirons feulement ici que ce plan a été gravé à gauche par l'inadvertance du graveur, ce qui fait paroître ici le grand efcalier mal fitué, contre toute idée de vraiffemblance.

PLANCHE XXIV.

Le format de ce Volume n'ayant point permis de joindre les deux aîles au principal corps-de-logis, on a pris le parti de les graver féparément fur la même Planche, ce qui ne laiffe pas de nuire à l'effet général de l'enfemble; mais on peut fe repréfenter la partie A jointe à celle B, & celle C jointe à la partie D, pour en juger. Au refte ces deux aîles ne font que les élévations des dépendances de ce bâtiment, mais ajuftés de maniere que malgré leur inifériorité elles contribuent à faire valoir l'ordonnance de l'hôtel proprement dit.

Cet édifice eft compofé de deux étages, le rez-de-chauffée orné d'ordre ïonique, le premier d'ordre corinthien. Le principal corps-de-logis placé entre cour & jardins, jouit du côté de la cour de l'afpect de la place publique par la colonnade qui fe voit ici, & dont les axes des entre-colonnemens correfpondent à ceux des croifées du principal corps des bâtimens. Nous ne ferons point l'analyfe de cette production, fon éloge feroit déplacé, & on doit naturellement nous difpenfer d'en faire la critique; nous ferons remarquer feulement la relation fcrupuleufe que nous avons obfervée entre les dehors & les dedans, comme le principal objet de la compofition d'un bâtiment de cette efpece.

Nous n'avons donné ni la façade du côté du jardin, ni la coupe de ce bâtiment, dans le deffein d'éviter la multiplicité des Planches: d'ailleurs on fentira facilement par l'infpection du plan, l'effet que ces façades doivent produire, & nous nous flatons que ce projet fera quelque plaifir à tout amateur impartial.

SIXIEME PARTIE.

Obfervations générales fur les maifons particulieres, appliquées à un bâtiment régulier diftribué dans un terrein très-irrégulier.

SOus le nom de *bâtimens particuliers* on comprend deux fortes d'habitations, les unes deftinées à la réfidence des riches citoyens, & où ils font leur demeure habituelle; les autres, celles que les habitans font élever dans les cités pour affurer une partie de leur revenu, en les donnant à loyer aux commerçans, aux artifans, *&c.* Les premiers doivent avoir un caractere qui ne tienne ni de la beauté des hôtels, ni de la fimplicité des maifons ordinaires. Les ordres d'Architecture ne doivent jamais entrer pour rien dans leur décoration, malgré l'opulence de ceux qui les font élever (a). Non-feulement ces ordres y deviennent trop petits à caufe du peu d'élévation des pieces, mais ils doivent être réfervés pour les bâtimens de quelque importance, ne produifant un véritablement bel effet que lorfqu'ils peuvent avoir un certain diametre.

A leur défaut, dans les premiers bâtimens dont il s'agit, il faut feulement faire ufage de l'expreffion d'un de ces ordres, pour l'appliquer felon le goût ou le rang de celui qui doit l habiter, & fe reffouvenir que l'Architecture doit toujours être d'un bon ftyle; les ornemens,

quand ils font néceffaires, répandus avec choix; & les façades régulieres.

Les fecondes habitations doivent auffi avoir leur caractere particulier, qui confifte en une plus ou moins grande fimplicité affortie à l'importance des villes où elles font élevées. La fymmétrie, la folidité, la commodité & l'économie, doivent faire l'objet capital de ces dernieres demeures: plufieurs corps de logis féparés par des cours airées doivent déterminer le local de leur diftribution; felon leur fituation elles doivent contenir ou des boutiques, ou des magafins, ou des atteliers, ou des logemens fubalternes; difpofitions néanmoins qui ne doivent nuire en rien à l'ordonnance des façades fur la rue (a), parce que ces fortes d'habitations étant en bien plus grand nombre que les autres édifices, elles doivent contribuer à la décoration & à l'embelliffement des villes.

Appliquons ces notions élémentaires à la diftribution & à la décoration d'une maifon particuliere de la premiere claffe, projettée pour Avignon par M. Franque, architecte du Roi.

PLANCHE XXV.

Cette Planche offre une diftribution réguliere très-ingénieufe, contenue dans un terrein clos de murs, le plus irregulier qu'il foit poffible, & dont M. Franque a tiré parti d'une maniere à faire juger de fa fagacité, de fon goût & de fon intelligence. En effet, rien de fi bien entendu que ce plan; beauté, proportion, variété, agrément, commodité, fymmétrie, relation des dedans aux dehors, tout s'y trouve réuni. En un mot, ce projet nous paroît un chef-d'œuvre, & feroit feul capable de faire beaucoup d'honneur à cet architecte, s'il n'avoit prouvé par tant d'autres productions l'étendue de fes connoiffances, & fon expérience dans l'art de bâtir.

PLANCHE XXVI.

Cette Planche donne le plan du premier étage de ce bâtiment, & eft compofé d'un bel appartement & de quatre autres moins confidérables, mais tous pourvus des commodités qui leur font néceffaires. Au-deffus de cet étage, du côté de la place feulement, eft encore pratiqué un appartement; enforte que tout le rez-de-chauffée eft occupé par un appartement de fociété, un jardin, des cuifines, des offices, des écuries & des remifes, & que dans les étages fupérieurs on trouve un appartement pour le maître du logis, & cinq appartemens pour fa famille ou fes amis; diftribution fuffifante pour la maifon d'un particulier riche, qui retiré en province, y jouit d'un revenu honnête, & qui fe détermine à fe vouloir loger commodément & avec goût.

PLANCHE XXVII.

Cette Planche offre l'élévation du côté de la cour, avec la coupe du grand efcalier, & l'élévation du côté du jardin de ce bâtiment. On remarque un caractere de fermeté dans l'ordonnance de fes façades, qui n'a rien de pefant ni de defafforti; caractere qui fe fuffit à lui-même, & qui prouve bien l'inutilité des ordres dans les habitations des particuliers. Si nos architectes préfentoient toujours de telles productions à leurs propriétaires, ceux-ci n'auroient pas la manie de vouloir une décoration, qui, pour être plus riche, n'en eft pas plus eftimée des connoiffeurs. Des arcades plein ceintre, un certain mouvement dans les plans, des baluftrades au lieu de balcons, des ouvertures en rapport avec les trumeaux, de beaux chambranles, des refends placés convenablement, une fculpture bien repartie, d'excellens profils, un bel appareil, font autant de beautés caractériftiques du reffort des bâtimens dont nous parlons, & qui fe rencontrent dans ce projet; confidération qui nous l'ont fait préférer à tout autre dans cette collection, parce que nous nous ferions fait honneur de l'avoir produit: du-moins nous nous flatons qu'on nous faura gré de l'avoir rendu public, comme un exemple utile, inté-

---

(a) Une maifon particuliere bâtie par M. Cartault pour M. Janvri, rue de Varenne, fauxbourg S. Germain, eft telle que nous la defirons. Le bâtiment élevé pour M. d'Argenfon, alors Chancelier de M. le Duc d'Orléans, par M. Boiffrand, rue des Bons-Enfans, eft encore un exemple de ce que nous recommandons.

(a) Une maifon bourgeoife, rue Saint-Martin, vis-à-vis la fontaine Maubué, & une autre, rue des mauvaifes Paroles, toutes deux bâties par M. Cartault, font dans le genre que nous indiquons ici.

reſſant & capable de piquer l'émulation de nos jeunes artiſtes.

PLANCHE XXVIII.

Cette Planche fait voir la coupe du corps-de-logis ſur la rue, l'élévation de l'aîle de bâtiment ſur la cour, & la décoration intérieure du cabinet en galerie donnant ſur le jardin. On voit régner dans cette façade le même caractere que dans les élévations précédentes : unité recommandable comme le ſeul moyen de rendre un bâtiment de peu d'étendue, plus conſidérable en apparence.

SEPTIEME PARTIE.

Obſervations générales ſur la décoration intérieure appliquées en particulier à un appartement de parade.

Nous avons parlé, *tome IV. page 702. &c.* de la décoration en général. Il s'agit ici de la décoration des appartemens en particulier : nous ne rappellerons point les écarts de l'imagination de la plûpart de nos artiſtes à cet égard. La quantité de gravûres qui s'en ſont répandues dans le public, ſont aſſez connoître combien il étoit eſſentiel que ces compoſitions frivoles paſſaſſent de mode, pour faire place à des compoſitions moins biſarres ſans doute. Nous ſommes arrivés à cette époque, à en juger par quelques productions des architectes de nos jours. Pour nous convaincre de ce que nous avançons, nous allons en citer pluſieurs de l'un & l'autre genre, & nous finirons ces obſervations par donner les décorations faites dernierement dans les appartemens du Palais-royal, pour feue madame la ducheſſe d'Orléans, ſur les deſſeins de M. Contant, architecte du Roi, de qui nous avons quantité d'ouvrages du premier mérite, & qui en plus d'une occaſion a donné des preuves de ſon goût dans l'architecture, & de ſon génie dans les choſes d'agrément.

Les décorations intérieures qui tiennent le premier rang, n'entendant pas parler ici de celles du dernier ſiecle d'un genre admirable (a), & à qui on ne peut reprocher qu'un peu de peſanteur & peut-être un peu de confuſion, les décorations, dis je, qui tiennent le premier rang ſont celles du Palais-royal que nous venons de citer, de l'hôtel de Toulouſe, de l'hôtel de Biron, de la maiſon de M. Bourette, de la maiſon de campagne de M. d'Argenſon à Neuilly, de la gallerie de l'hôtel de Choiſeul, &c. qui comparées avec celles du palais Bourbon, celles de l'hôtel de Soubiſe, de l'hôtel de Rohan-Chabot, de la maiſon de M. Dionis, de la maiſon de campagne de M. de la Valliere à Montrouge, de la galerie de l'hôtel de Villars, &c. montrent aſſez la préférence que les unes doivent avoir ſur les autres, & combien il eût été dangereux que les artiſtes les plus célebres de notre tems n'euſſent pas créé un nouveau genre de décoration qui anéantît pour ainſi dire cette frivolité qui ſeule faiſoit le mérite des appartemens du palais Bourbon, &c. ainſi que ce caractere de peſanteur que nous avons reproché aux anciennes décorations de la plûpart de nos maiſons royales. Entrons dans quelque détail à ce ſujet à-propos des deſſeins que nous allons offrir, & qui, comme nous venons de le remarquer, ont été exécutés ſous la conduite de M. Contant, par les plus habiles artiſtes, qui ont ſecondé ce ſavant architecte dans les embelliſſemens du Palais-royal.

PLANCHE XXIX.

Elévation en face des croiſées du ſalon, au premier étage des nouveaux appartemens du Palais-royal.

Cette décoration toute de menuiſerie peinte en blanc, & dont tous les ornemens ſont dorés d'or mat & d'or bruni, offre le plus grand éclat. La porte à placards eſt revêtue de glaces, & les deux côtés occupés par des ſophas (*Voyez* le deſſein en grand d'un de ces ſophas Pl. XXXVI.) au-deſſus deſquels ſont auſſi des glaces qui toutes répondent aux axes des croiſées qui ſont en face, & répetent le ſpectacle des jardins du Palais-royal. Ces

(a) Telle que celle du Louvre, des Tuileries, de Verſailles, du Palais-royal, de Vincennes, &c.

ſophas ſont couverts par des campanilles d'étoffe or & argent ajuſtées avec goût, qui meublent cette piece avec la plus grande magnificence. Le plafond de ce ſallon eſt peint par M. Pierre, dont le nom ſeul dit tout. Les deux colonnes qui ſe voient ici ſont engagées pour ſymétriſer avec celles iſolées qui leur ſont oppoſées, & qui ont été introduites ainſi, pour racheter l'inégalité de cette piece anciennement bâtie avec aſſez d'irrégularité. (*Voyez* le plan de cette piece, Pl. XXXV.)

PLANCHE XXX.
Elévation du côté de la cheminée de la même piece.

Les portes de cette décoration ſont de glaces, comme celles de la piece précédente, & ne different que dans leur attique ; le deſſein de la cheminée eſt de bon goût. Il eſt aiſé de s'appercevoir combien ſa beauté réelle l'emporte ſur les tiges du palmier, les guirlandes, les rocailles, les palmettes, &c. qu'on a vû ſi long-tems faire toute la reſſource de nos ſculpteurs en bois dans ce genre de décoration. Le chambranle de cette cheminée eſt auſſi d'une belle forme, & revêtu de bronze doré d'or moulu, traité de la plus grande maniere. Des girandoles avec des génies enrichiſſent ces angles ; ces girandoles correſpondent à de pareilles qui ſont poſées ſur une table de marbre placée en face de la cheminée, & dont on voit le deſſein dans la Planche XXXVI.

Les pilaſtres corinthiens qui décorent cette façade & ſon oppoſée, ont autoriſé ici des membres d'Architecture qui l'ont empêché de devenir frivole, comme cela ſe pratiquoit précédemment ; en ſorte que toute cette ordonnance d'un bon ſtyle paroît convenable à la dignité du prince qui habite ce palais ; conſidération plus intéreſſante qu'on ne s'imagine, & qui devroit être la premiere regle de toutes les productions des artiſtes.

PLANCHE XXXI.
Elévation de la ſalle de jeu du côté de la porte qui donne entrée au ſallon.

Cette décoration d'ordre ïonique eſt compoſée de grandes parties, & ornée d'excellens détails. Pour s'en convaincre on n'a qu'à comparer cette production avec la plûpart de celles du palais Bourbon, gravées dans l'Architecture françoiſe, ou avec celles de l'hôtel de Soubiſe, inſérées dans les œuvres de M. Boisfrand, & on verra combien les repos qui ſe remarquent ici, ſont préférables à cette multitude d'ornemens qu'on a prodigués avec excès pendant trente années dans tous nos bâtimens, & dont même la décoration intérieure de nos temples n'eſt pas toujours exempte. Cet ordre eſt ïonique, pilaſtres & colonnes ; ces dernieres ſont engagées pour occuper moins de place dans l'intérieur de la piece, & pour corriger l'irrégularité de la bâtiſſe, nos anciens architectes ayant preſque toujours ſacrifié les dehors au-dedans des appartemens. (*Voyez* le plan de cette piece, Planche XXXV.)

PLANCHE XXXII.
Elévation du côté de la cheminée de la même piece.

Cette façade, du même ſtyle que la précédente, fait voir le côté de la cheminée placée entre deux pilaſtres ; de belles tapiſſeries occupent les deux eſpaces qui déterminent le grand diametre de cette piece. Ces deux eſpaces ſont d'inégale grandeur, à cauſe de la premiere diſpoſition du plan, qui n'étant pas régulier, a occaſionné ce défaut de ſymétrie dans cette ordonnance. Deux pans coupés dans l'un des côtés de la profondeur de cette ſalle de jeu, lui donnent une forme aſſez agréable, & ont produit la facilité d'y poſer des glaces ; reſſource ingénieuſe que l'homme de mérite ſçait ſe permettre quelquefois, mais dont l'homme ſubalterne abuſe preſque toujours, ainſi qu'on le remarque dans la plûpart des bâtimens que nous avons cités. L'abus des glaces n'eſt jamais une beauté dans les appartemens ; la prodigalité de ces corps tranſparens annoncent plutot la ſtérilité que le génie de l'architecte. Les beaux appartemens du château de Richelieu, de celui de Maiſons, de celui de Verſailles, la gallerie de Meudon, celle de Clagny, tous ces chefs-

chefs-d'œuvre n'en ont point ; ils auroient occupé moins utilement la place des tréfors qu'ils contiennent, & par conféquent auroient privé l'homme de goût des productions des grands maîtres qui s'y remarquent. Il eſt vrai qu'il n'en eſt pas de même d'un appartement d'habitation, principalement de celui deſtiné à une princeſſe. Auſſi M. Contant en a-t-il uſé, mais avec cette diſcrétion qui decele l'homme de génie & l'homme inſtruit de la convenance de ſon art & des grands principes de ſa profeſſion.

PLANCHE XXXIII.

Elévation du côté de la cheminée de la chambre de parade.

Cette décoration eſt du meilleur genre. De belles parties, des détails heureux, des matieres précieuſes, des étoffes de prix, tout concourt à procurer à cette piece une très-grande magnificence ; les ornemens d'ailleurs nous ont paru aſſez intéreſſans, pour que nous en donnaſſions la plus grande partie dans les Planches XXXVI. & XXXVII. mais ce que nous n'avons pu rendre, ſont les beautés de l'exécution conſidérées ſéparément dans chaque genre, & qui doivent exciter la curioſité des amateurs & des artiſtes éclairés.

PLANCHE XXXIV.

Elévation du côté du lit de parade.

Cette Planche fera connoître une des meilleures décorations en ce genre, qui ſe ſoit vûe juſqu'à préſent dans l'intérieur de nos appartemens. Les quatre colonnes qui ſe remarquent ici, dont deux placées ſur un plan différent, donnent à cette ordonnance un caractere grave, qui n'ôte cependant rien à ſon élégance. La forme du plan (*voyez* ce plan, Pl. XXXV.) contribue même à ajouter de la beauté à cette décoration, & à contenir le lit avec la dignité qui lui convient ; d'ailleurs la forme de ce lit, la richeſſe de ces étoffes, la baluſtrade qui le renferme, les glaces qui ſont placées dans les pans coupés, la forme ingénieuſe des chapiteaux & des cannelures de l'ordre, enfin l'exacte régularité de chaque partie, tout dans ce deſſein fait le plus grand plaiſir. Cette belle piece eſt terminée par une corniche compoſée d'ornemens d'un excellent genre, & dont on trouvera les deſſeins pour la plus grande partie, Planche XXXVII.

PLANCHE XXXV.

Plans des trois pieces qui compoſent une partie de l'appartement de parade dont nous venons de parler.

La forme des plans contribuant eſſentiellement à la beauté de la décoration intérieure, nous avons raſſemblé ſur la même Planche les trois plans des décorations précédentes. Ces trois plans font connoître les difficultés que M. Contant a été obligé de vaincre, pour rendre ces décorations régulieres dans autant de cages irrégulieres ; obſtacle qui exige dans un architecte le génie de ſon art, pour procurer en particulier à chacune de ces pieces les commodités qui leur ſont néceſſaires, commodités qui font aujourd'hui une des parties eſſentielles de notre diſtribution.

PLANCHES XXXVI. & XXXVII.

Développemens des principaux ornemens répandus dans la décoration des trois pieces précédentes.

Le genre mâle que la plûpart de nos architectes cherchent aujourd'hui à donner à nos ornemens, leur a ſemblé néanmoins ne pas devoir exiger ce caractere de peſanteur que nos anciens ont affecté dans les dedans des appartemens, ni cette prodigalité de petites parties que nous avons déjà reprochée à la plûpart de nos ſculpteurs en bois, mais un juſte milieu entre ces deux excès, parce qu'ils ont ſenti enfin que les décorations intérieures doivent être agréables ; que rien n'y doit paroître lourd ni dans les maſſes ni dans les détails ; que même il étoit néceſſaire de réveiller leur ordonnance par un peu de contraſte, pourvu qu'il ne fût point outré ; le contraſte dont pluſieurs ont abuſé quelquefois, n'ayant engendré que des chimeres, & qu'ils ont ſenti que trop de ſymétrie à ſon tour ne produiſoit ſouvent que des compoſitions froides & monotones. Les ornemens de ces deux Planches ſont également exempts de ces deux défauts, en fixant, pour ainſi dire, le véritable goût & le ſtyle propre à cette partie de l'art.

PLANCHES XXXVIII. & XXXIX.

Ces deux dernieres Planches offrent les plans & les décorations intérieures d'un eſcalier bâti ſur les deſſeins de M. Franque, architecte du roi, à l'abbaye de Vauxluiſant. La ſimplicité qui regne dans ſon ordonnance, ſans être pauvre, la proportion des membres qui y préſident, un certain caractere de fermeté qui ſe remarque dans les profils, la forme ingénieuſe des rampes & du contour des marches qu'il a fallu aſſujettir à la hauteur du premier étage, en conſervant un palier au milieu, ſont les motifs qui nous ont portés à préférer cet exemple à tout autre d'une diſtribution plus compliquée. D'ailleurs l'Architecture françoiſe offrira à nos lecteurs plus d'un modele en ce genre, & pluſieurs monumens conſidérables, qui accompagnés des deſcriptions que nous avons été chargés d'en faire, pourront contribuer à développer les connoiſſances des jeunes artiſtes. Au reſte, ce ſera au public éclairé à juger des obſervations répandues dans l'un & l'autre ouvrage ; au-moins l'aſſûrons-nous de notre impartialité. La meilleure preuve que nous en puiſſions donner, c'eſt le choix des productions que nous lui offrons ici, & la réputation que ſe ſont acquis les habiles artiſtes qui ont la meilleure part en cette collection.

Architecture.

Pl. 1.

Les Cinq Ordres de Colonnes des Grecs et des Romains.

Toscan.   Dorique.   Ionique.   Corinthien.   Composite.

2 Modules.   2 Modules.   2 Modules.   2 Modules.   2 Modules.

Benard Fecit.

Architecture.

Pl. 11

Dimension Générale des Ordres d'Architecture, avec le développement
des Principales Moulures qui les Subdivisent.

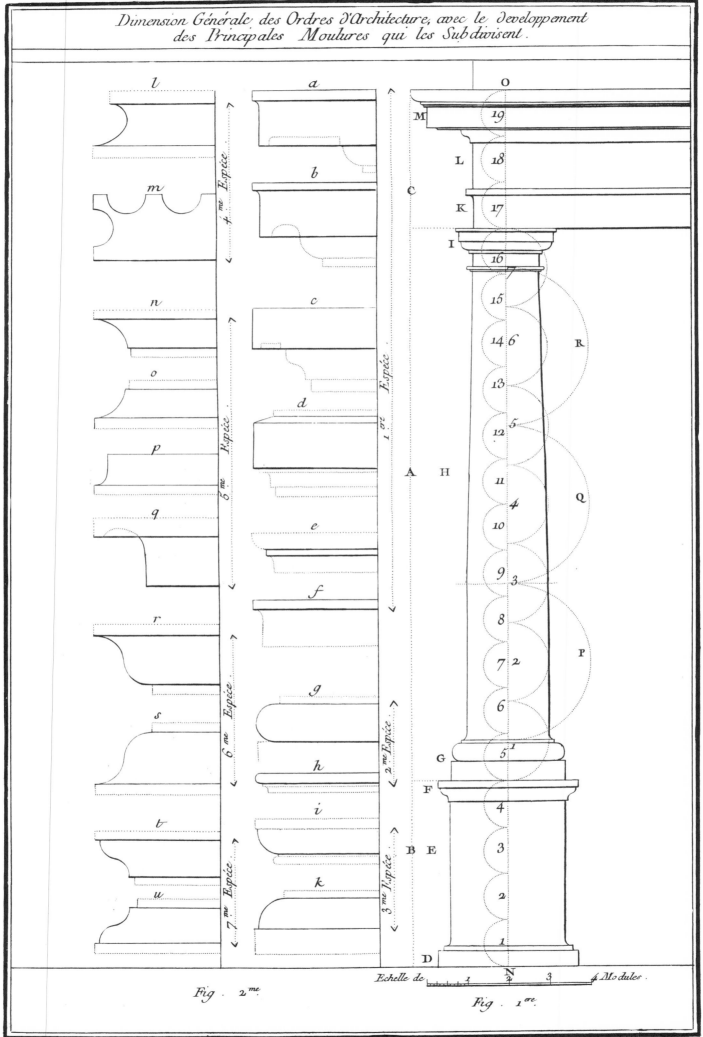

Fig. 2.me

Echelle de ... Modules.

Fig. 1.ere

Bénard Fecit.

Architecture.

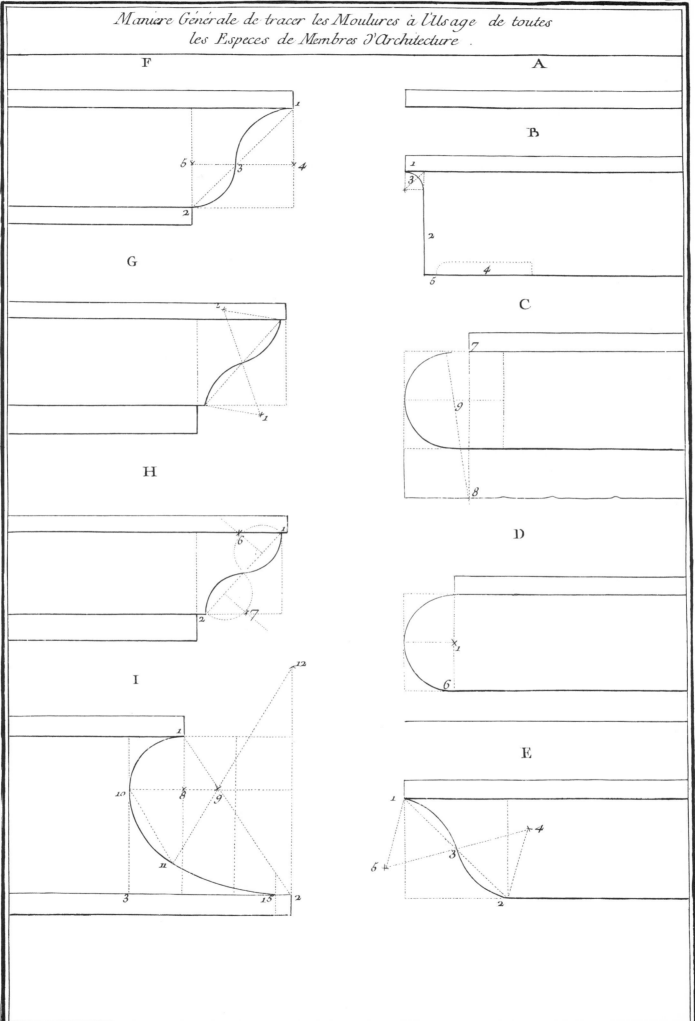

Pl. III.

Manière Générale de tracer les Moulures à l'Usage de toutes
les Espèces de Membres d'Architecture.

Benard Fecit.

Architecture

Pl. IV.

Manière Générale de tracer les Moulures à l'Usage de
toutes les Especes de Membres d'Architecture.

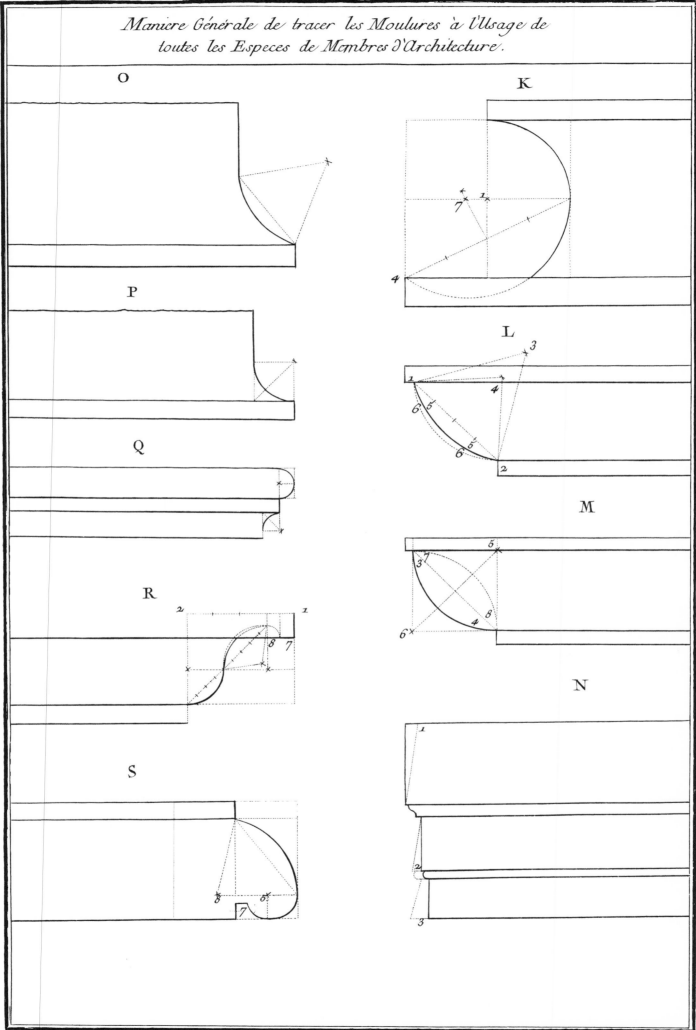

O

K

P

L

Q

M

R

N

S

Benard Fecit.

Architecture.

Pl. V.

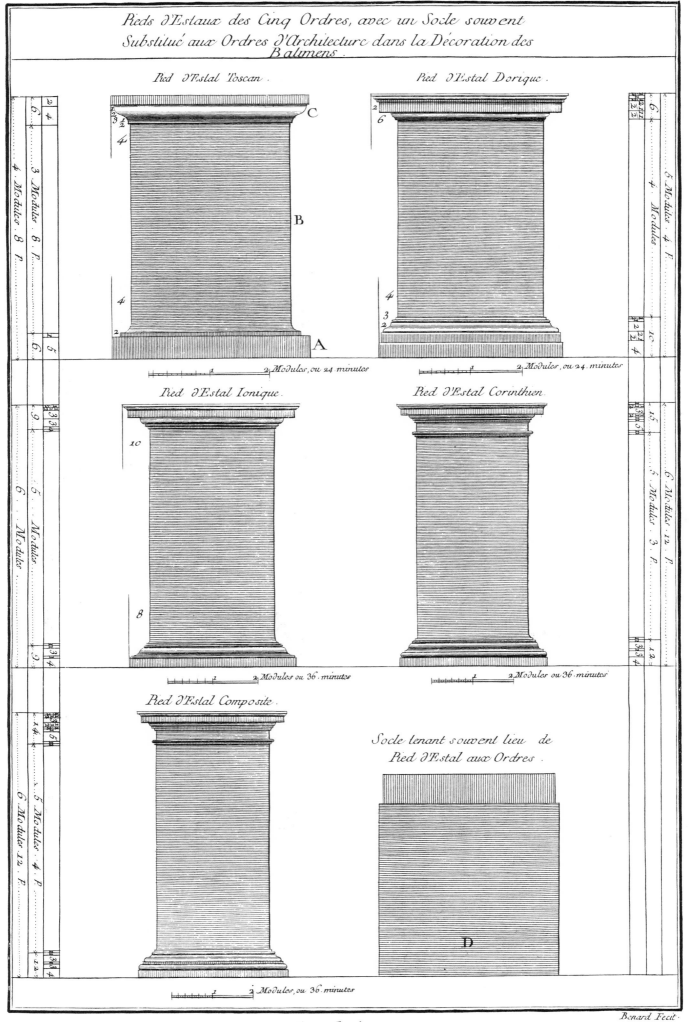

Pieds d'Estaux des Cinq Ordres, avec un Socle souvent Substitué aux Ordres d'Architecture dans la Décoration des Batimens.

Pied d'Estal Toscan.

Pied d'Estal Dorique.

2 Modules, ou 24 minutes

2 Modules, ou 24 minutes

Pied d'Estal Ionique.

Pied d'Estal Corinthien.

2 Modules ou 36 minutes

2 Modules ou 36 minutes

Pied d'Estal Composite.

Socle tenant souvent lieu de Pied d'Estal aux Ordres.

2 Modules, ou 36 minutes

Benard Fecit.

Architecture.

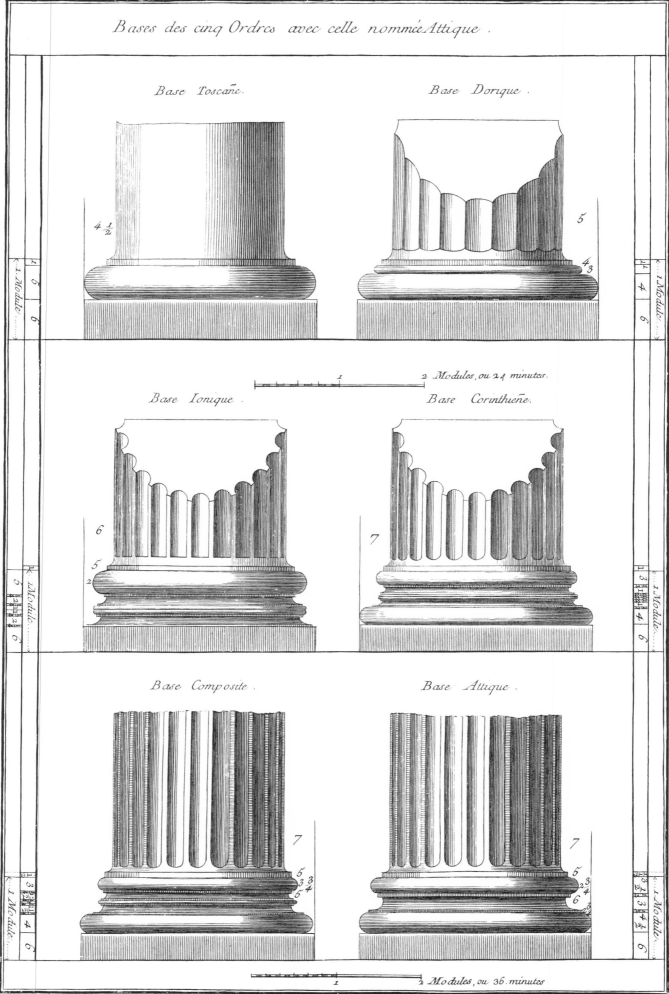

Bases des cinq Ordres avec celle nommée Attique.

Base Toscane.

Base Dorique.

Base Ionique.

Base Corinthiéne.

Base Composite.

Base Attique.

2 Modules, ou 24 minutes.

2 Modules, ou 36. minutes

Benard Fecit.

Architecture.

Pl. VII.

Chapiteaux des cinq Ordres, avec le Chapiteau Ionique Moderne.

Chapiteau Toscan.

Chapiteau Dorique.

2 Modules, ou 24 minutes.

Chapiteau Ionique

Chapiteau Ionique Moderne.

Chapiteau Corinthien.

Chapiteau Composite.

2 Modules, ou 36 minutes.

Benard Fecit.

Architecture.

Pl. VIII.

Entablements des cinq Ordres avec une Corniche Architravée.

Entablement Toscan.

Entablement Dorique.

Entablement Ionique.

Entablement Corinthien.

Entablement Composite.

Corniche Architravée.

Architecture.

Benard Fecit.

Balustrades et Balustres relatifs aux cinq Ordres .

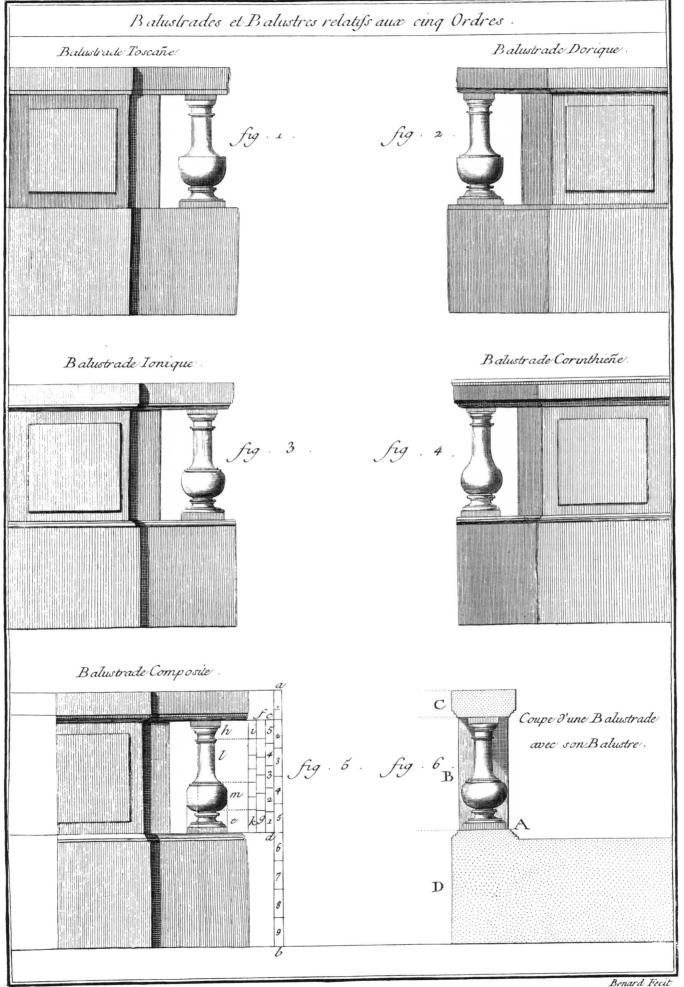

Balustrade Toscane .

fig . 1 .

Balustrade Dorique .

fig . 2 .

Balustrade Ionique .

fig . 3 .

Balustrade Corinthiéne .

fig . 4 .

Balustrade Composite .

fig . 5 .

fig . 6 .

Coupe d'une Balustrade
avec son Balustre .

Benard Fecit

Architecture.

Pl. x.

Portes relatives aux Cinq Ordonances des Ordres d'Architecture.

Porte Rustique.   Porte Toscane.

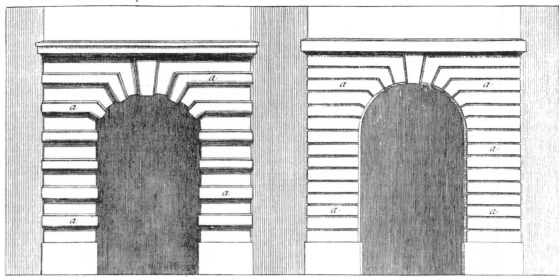

Porte Dorique.   Porte Ionique.

Porte Corinthiene.   Porte Composite.

Bouard Fecit

Architecture.

Pl. XI.

Croisées relatives au cinq Ordonances des Ordres d'Architecture.

Croisée Toscane.

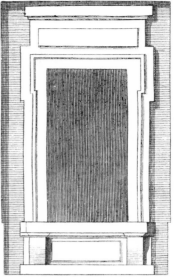

Croisée Rustique.

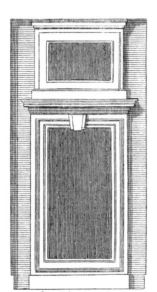

Croisée Ionique.

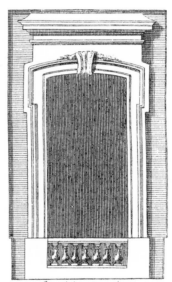

Croisée Dorique.

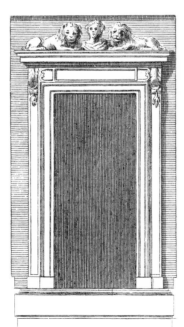

Croisée Composite.

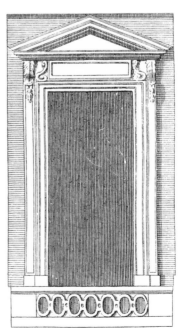

Croisée Corinthienne

Benard Fecit.

Architecture.

Niches et Frontons à l'Usage de la Decoration des Batiments .

Niche Rustique .

Niche Toscane .

Niche Dorique .

Niche Ionique

Niche Corinthienne .

Niche Composite .

Divers Exemples de Frontons à imiter et a éviter dans la Decoration des Batiments .

Architecture .

Benard Fecit .

Pl. XIII.

Façade de la Fontaine érigée à Paris rue de Grenelle Fauxbourg St. Germain, sous la 5.me Prevôté de Mr. Turgot, sur les Desseins et la conduite du S.r Edme Bouchardon Sculpteur du Roy.

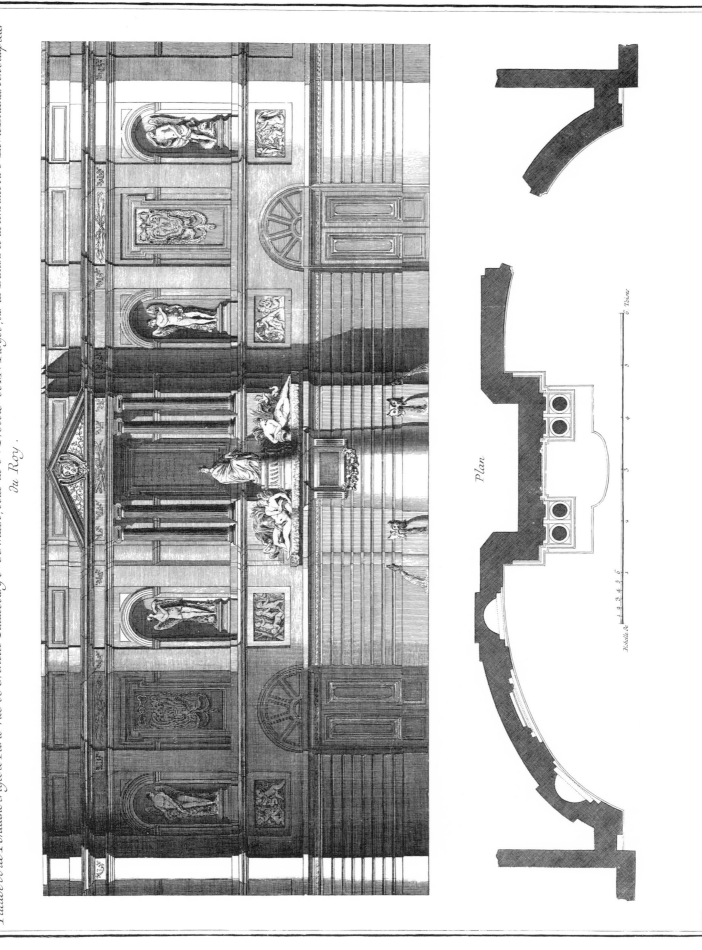

Plan

Echelle de

Architecture.

Pl. XIV.

Façade principale d'une Fontaine publique du dessein de J. F. Blondel Architecte du Roy.

Plan.

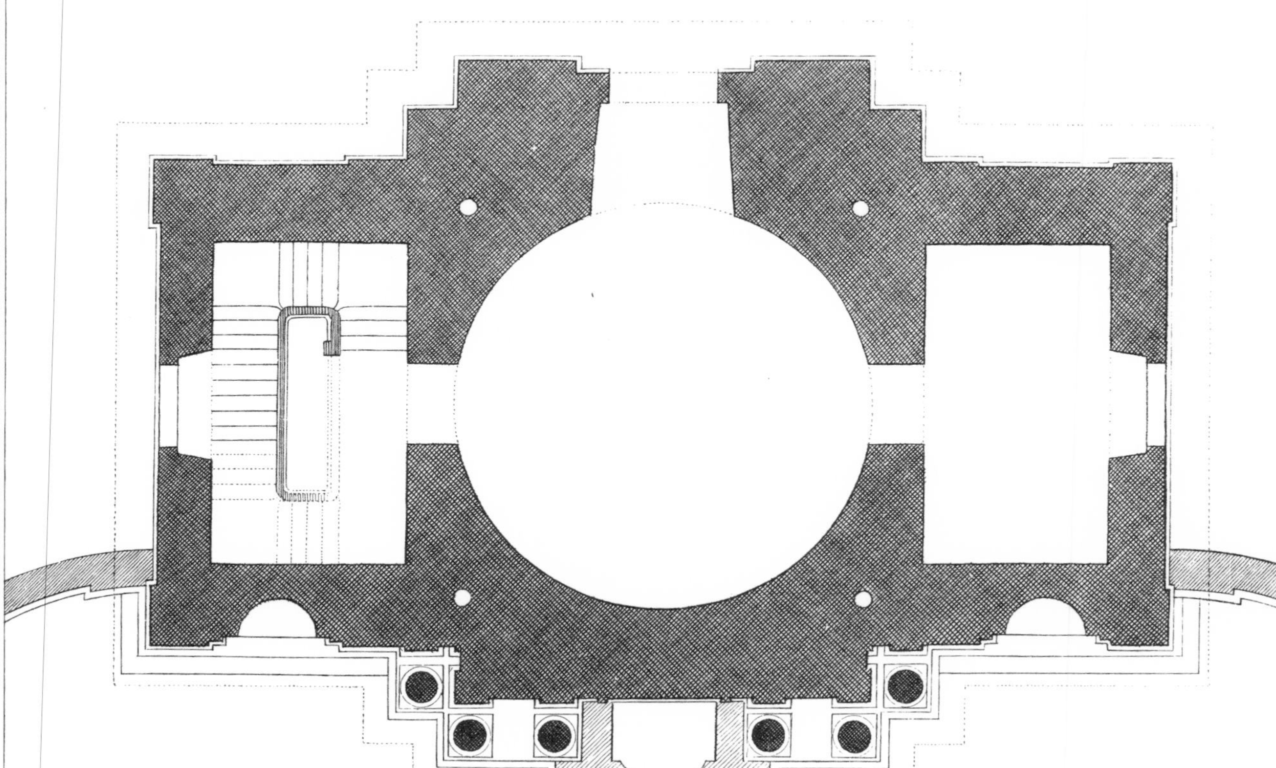

Echelle de 1 2 3 4 5 6 Toises.

Benard Fecit.

Architecture.

Pl. XVI.

Colonnade du Louvre.

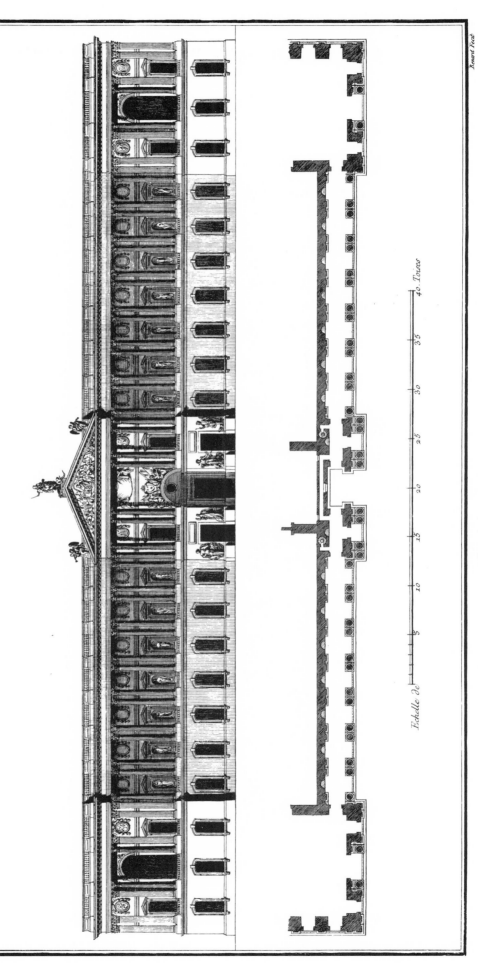

Echelle de

5   10   15   20   25   30   35   40. Toises

Architecture.

Pl. xvi.

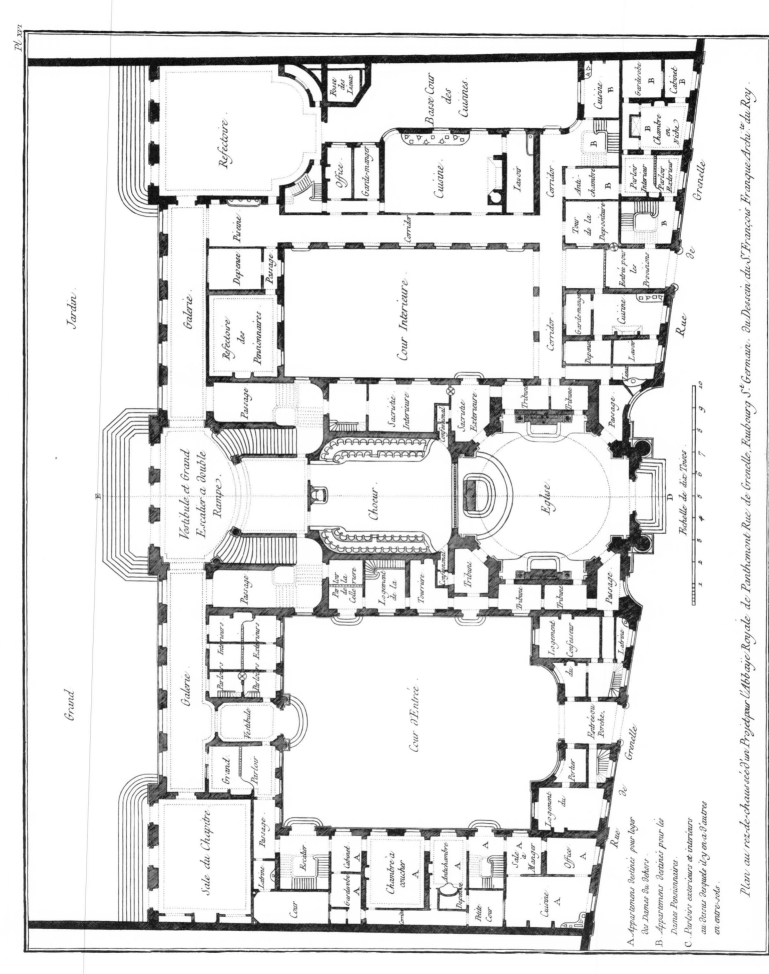

Jardin.

Grand

Rue de Grenelle

Réfectoire.

Galerie.

Fosse des Lieux.

Office.

Garde-manger.

Basse Cour des Cuisines.

Cuisine.

Lavoir.

Garderobe B

B

B

Cabinet B

Chambre en Niche B

Dépense

Passage

Réfectoire des Pensionnaires

Dépense Parene

Corridor.

Ante chambre B

Parloir Intérieur B

Parloir Extérieur B

Tour de la Dépositaire

Passage

Cour Intérieure.

Corridor.

Corridor.

Garde-manger

Cuisine B

Entrée pour les Provisions

Rue de Grenelle

Dépense

Lavoir

Passage

Vestibule et Grand Escalier à double Rampe.

Passage

Sacristie Intérieure.

Sacristie Extérieure.

Confessional

Tribune.

Tribune.

Choeur.

Eglise.

Echelle de dix Toises.

1 2 3 4 5 6 7 8 9 10

E

D

Parloir Intérieurs

Parloir Extérieurs

Vestibule

Parloir de la Celerière

Logement de la Tourrière

Confessional

Tribune.

Tribune.

Tribune.

Tribune.

Passage

Logement du Confesseur

Latrine

Galerie

Grand Parloir

Cour d'Entrée.

Entrée du Porche.

Logement du Portier

Rue de Grenelle

Sale du Chapitre

Passage

Latrine

Escalier

Garderobe Cabinet A

Chambre à coucher A

Antichambre A

A

Sale à Manger A

Office A

Cour

Dépense

Petite Cour

Cuisine A

A. Appartemens destinés pour loger les Dames du Dehors.
B. Appartemens destinés pour les Dames Pensionnaires.
C. Parloirs extérieurs et intérieurs au dessus desquels il y en a d'autres en entre-sols.

Plan au rez-de-chaussée d'un Projet pour l'Abbaye Royale de Panthemont Rue de Grenelle, Faubourg St Germain. Du Dessein du Sr François Franque Arch.te du Roy.

Architecture.

Benard Fecit.

Pl. XVII.

Plan du premier Etage du projet de l'Eglise et de l'Abbaye de Panthemont.

Grand

Jardin

Re h gieu
ses tres des am Ch Chauffer Dortoir Reliquaires Chambres Cuisine Dégout

Bucher

Dortoir

Chambre de la Maîtresse des Novices

Chambres des Novices

Chambre

Corridor

Latrines

Cour

Garderobe Cabinet

Chambre en niche

Parloir Parloir intérieu

Corridor

Parloir Parloir extérieu

Chambre

Anti-Chambre

Cauone

Cour intérieure

Garde robe Antichambre

Chambre

Cabinet

Terrasse

Tribune

Tribune

Tribune

Rue de Grenelle

Choeur

Eglise

Tribune

Tribune

Terrasse

Tribune

Tribune

Tribune

Chambre

Cabinet

Garderobe

Chambre

Corridor

Cabinet

Cabinet

Chambre en niche Garderobe Salle à manger Cabinet Parloir des Pensionn.

Cour d'entré

Bibliotheque Parloir intérieur Parloir extérieur Garde robe Antichambre Cour

Garderobe Corridor Chambre à Coucher Garde Antichambre robe Cour Garderobe Chambre en Niche

Anti-Chambre

Cabinet

Rue de Grenelle

Benard Fecit.

Echelle de 1 2 3 4 5 6 7 8 9 10 Toises

Par M.r Franque Architecte du Roy.

Architecture.

Plan du second Etage de l'Abbaye de Panthemont.

Chambres

res

gieu

li

Re

des

bres

am

Ch

res

gieu

li

Re

des

Chambres

Dortour

Latrine

Chambre

Chambre

Chambre
des Sœurs
Converses

Pièce a
Repasser
le Linge

Lingerie

Cour

Escalier

Cuisine

Chambre

Garderobe

Cabinet

Cour.

Chambre

Anti-
chambre

Corridor

Chambre

Anti-
chambre

Chambre

Anti-
chambre

Corridor

Bou
ge

Bou
ge

Grande Chambre
Pour les Novices

Eglise.

Chambre

Garderobe

Garderobe

Garderobe

Corridor

Cour.

Dépôt

Garde
Meuble

Garde
robe

Chambre

Cabinet

Garderobe

Chambre

Latrine

Cour

Cour

Chambre
de

Domestique

Architecture

Fr.çois Franque Archi.te du Roy.

10 Toises

1 2 3 4 5

Pl. XIX

Elevation du Projet de la façade extérieure de l'Eglise et des Bâtiments de l'Abbaye Royale de Panthemont du côté de la rue de Grenelle.

Toises.

Bénard Fecit.

Architecture

Pl. XX.

Elevation du Projet de la façade des Bâtimens de l'Abbaye Royale de Panthemont du côté du Jardin.

Dr.ne Franque Invenit.

Bourd Fecit.

1 2 3 4 5 6 7 8 9 10 Toises.

Architecture.

Pl. XXI.

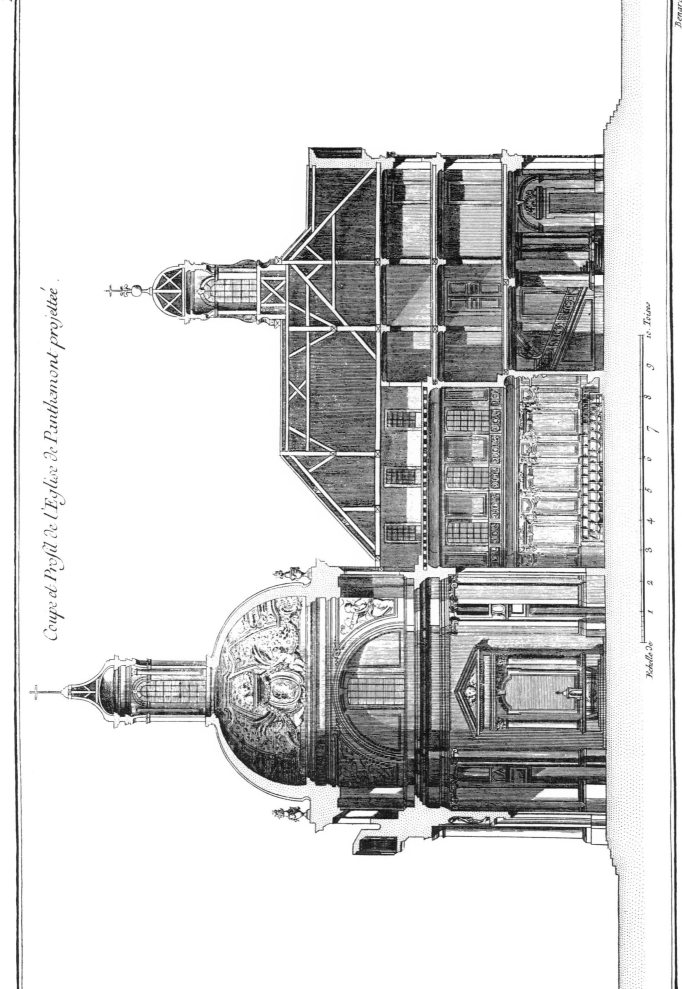

Coupe et Profil de l'Eglise de Panthemont projettée.

Echelle De 1 2 3 4 5 6 7 8 9 10 Toises

Architecture.

Hôtel de Ville de Rouen
Elevation du côté de la Place Royale

Echelle de 1 2 3 4 5 6 7 8 9 10 11 12 Toises.

Architecture

L. Carpentier invenit

Renard Fecit

Pl. XXIII.

Plan au Rez de chaussée d'un grand Hôtel du dessein de Jacques François Blondel Architecte du Roy

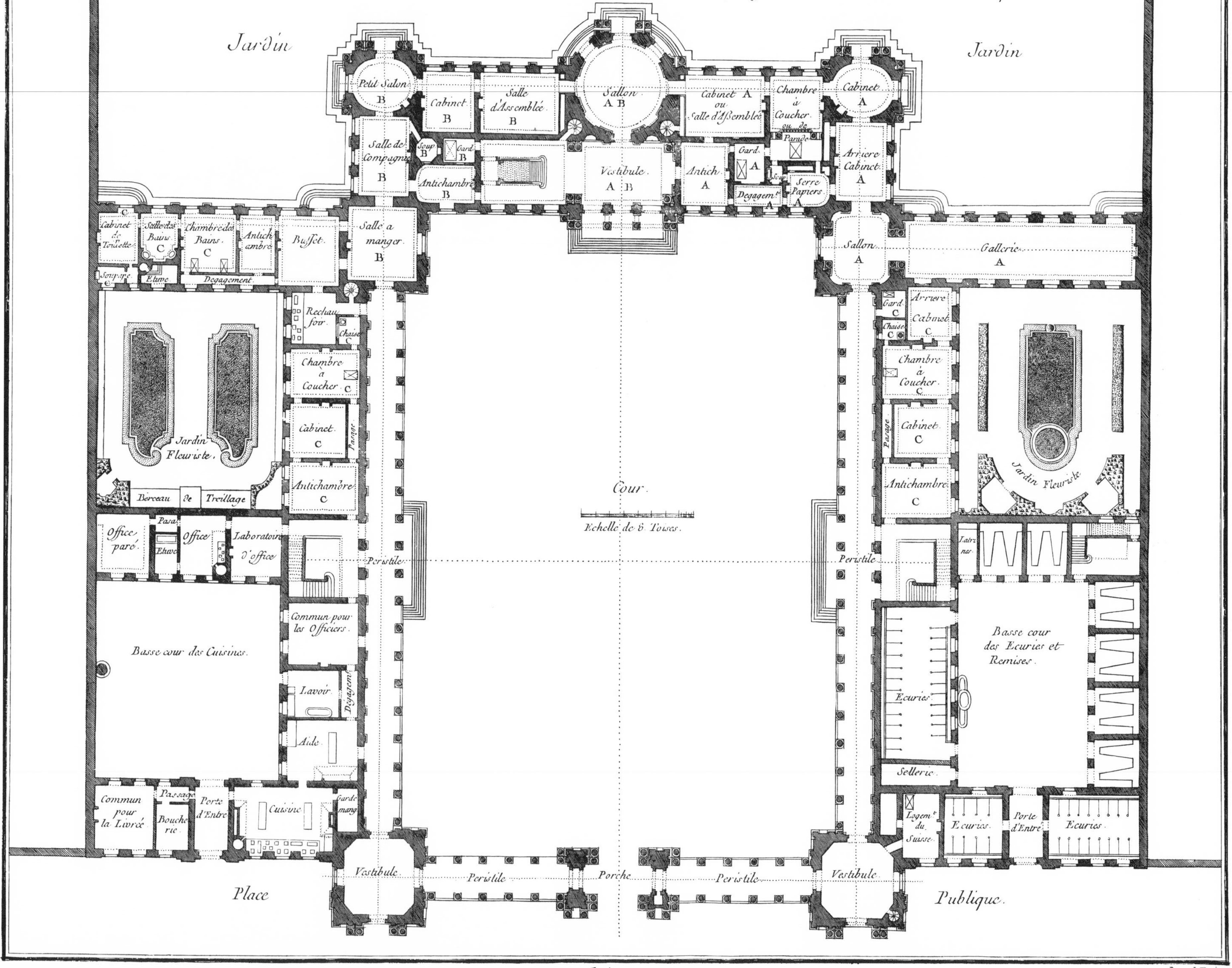

Jardin

Jardin

Cabinet A

Chambre à Coucher A

Arriere Cabinet A

Cabinet A ou Salle d'Assemblée

Antich. A

Salon A

Salon A B

Vestibule A B

Salle d'Assemblée B

Cabinet B

Antichambre B

Petit Salon B

Salle de Compagnie B

Salle à manger B

Buffet

Antichambre C

Chambre à coucher C

Bains C

Cabinet de Toilette C

Salle de Bains C

Dégagement

Galleric A

Arriere Cabinet C

Chambre à Coucher C

Cabinet C

Antichambre C

Jardin Fleuriste

Passage

Péristile

Basse cour des Ecuries et Remises.

Ecurie

Selleric

Porte d'Entrée

Logemt. de l'Ecurie

Logemt. du Suisse

Vestibule

Publique.

Architecture.

Cour

Echelle de 6 Toises.

Péristile

Porche

Péristile

Vestibule

Place

Réchaud four

Chambre à Coucher C

Cabinet C

Antichambre C

Commun pour les Officiers

Lavoir

Aide

Cuisine

Garde manger

Dégagement

Jardin Fleuriste

Bureau et Treillage

Office Laboratoire

Office

Office pare.

Basse cour des Cuisines.

Passage

Porte d'Entrée

Boucherie

Commun pour la Livrée

Elevation du côté de l'entrée d'un grand Hôtel avec ses dépendances.

Du Dessein de Jacques François Blondel Architecte Du Roy.

Architecture.

Pl. XXV.

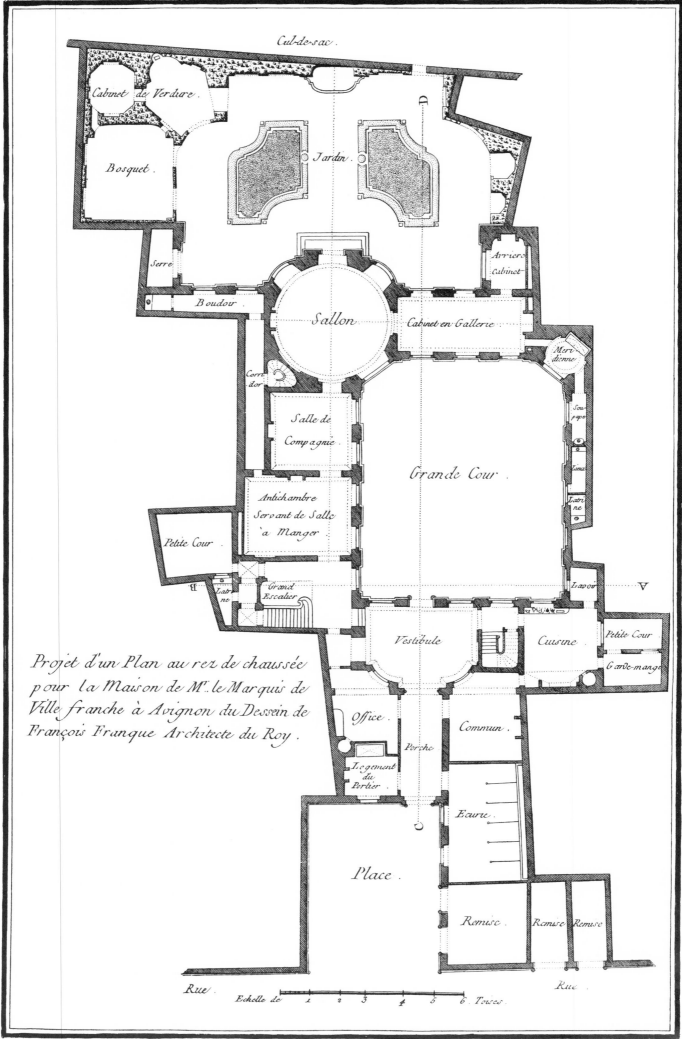

Cul-de-sac.

Cabinet de Verdure.

Bosquet.

Jardin.

Serre.

Arriere Cabinet.

Boudoir.

Sallon.

Cabinet en Gallerie.

Meridienne.

Corridor.

Salle de Compagnie.

Soupape.

Grande Cour.

Lieux.

Latrine.

Antichambre Servant de Salle à Manger.

Petite Cour.

Latrine.

Grand Escalier.

Lavoir.

Pidié.

Vestibule.

Cuisine.

Petite Cour.

Garde-mange.

Projet d'un Plan au rez de chaussée
pour la Maison de Mr. le Marquis de
Ville franche à Avignon du Dessein de
François Franque Architecte du Roy.

Office.

Porche.

Commun.

Logement du Portier.

Ecurie.

Place.

Remise. Remise. Remise.

Rue.

Echelle de 1 2 3 4 5 6 Toises.

Rue.

Architecture

Benard Fecit.

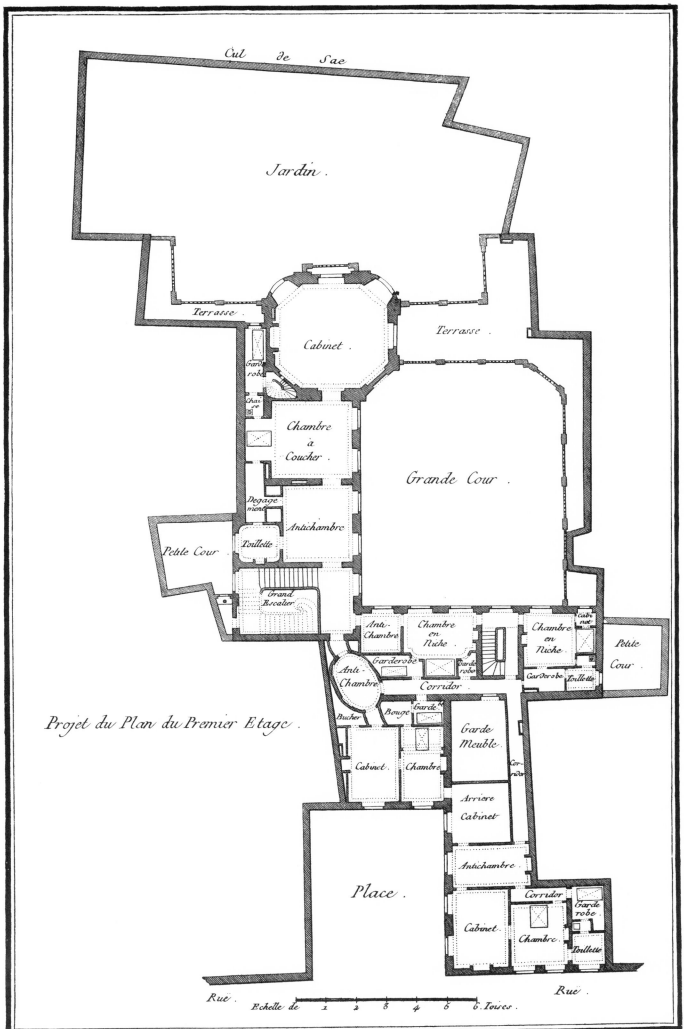

Pl. XXII.

Cul de Sac

Jardin.

Terrasse

Terrasse.

Cabinet.

Garde robe

Chai-sée

Chambre à Coucher

Grande Cour.

Degagement

Antichambre

Petite Cour

Toillette

Grand Escalier

Anti-Chambre

Chambre en Niche

Chambre en Niche

Cabinet

Petite Cour

Garderobe

Garderobe

Corridor

Garderobe

Toillette

Anti-Chambre

Bucher

Bouge

Garde

Gardemeuble

Projet du Plan du Premier Etage.

Cabinet

Chambre

Garde Meuble

Arriere Cabinet

Corridor

Antichambre

Place.

Corridor

Garde robe

Cabinet

Chambre

Toillette

Rue.

Rue.

Echelle de 1 2 3 4 5 6 Toises.

Architecture.

Benard Fecit.

Pl. XVII

Elevation du côté de la cour et coupe du grand Escalier prise surla ligne AB. Planche 25

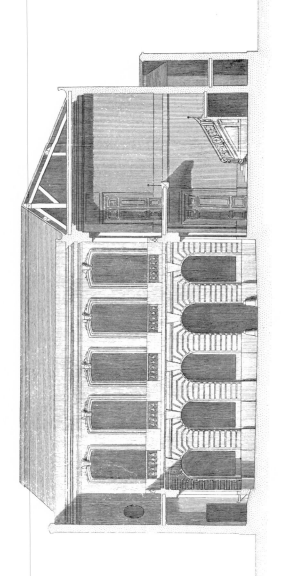

Elévation du côté du Jardin.

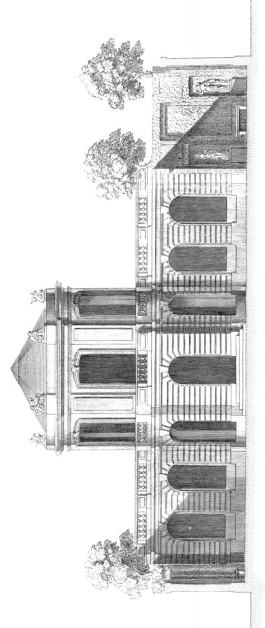

Echelle de ————————————— 1   2   3   4   5   6. toises

Architecture.

Benard. Fecit

Pl. XVIII.

Coupe et Elevation sur la Longueur du Batiment prise dans le Plan du rez-dechaussée sur la Ligne CD. Planche 25.

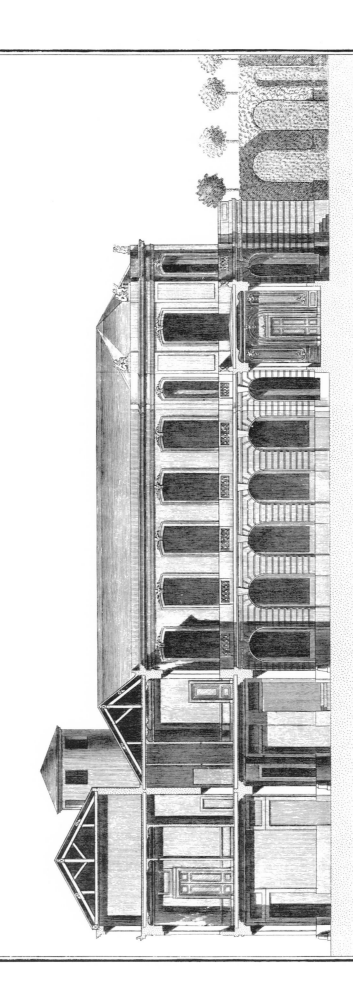

Echelle de

6 Toises

Architecture.

Élévation en face des croisées du Sallon au premier étage des nouveaux appartements du Palais Royal.

Echelle de

12 Pieds

Architecture.

Élévation du côté de la Cheminée de la même pièce

Echelle de 1 2 3 4 5 6   12   18. pieds.

Architecture .

Pl. XXII.

Elevation de la Salle de Jeu du côté de la porte qui donne entrée au Sallon.

Echelle de 1 2 3 4 5 6   12 pieds

Architecture.

Pl. XXXII.

Elévation du côté de la Cheminée de la même pièce.

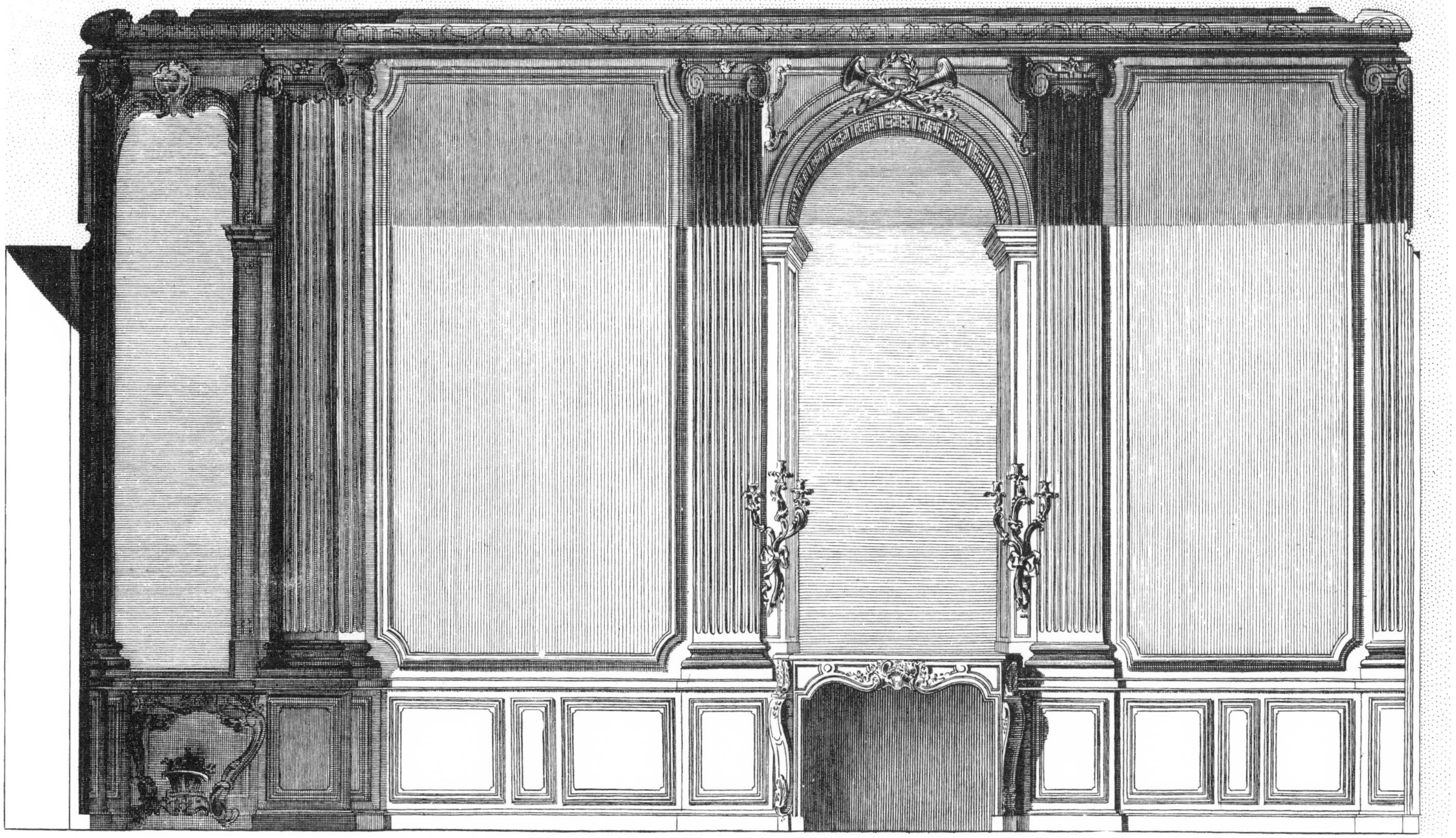

Echelle de 1 2 3 4 5 6 12 pieds

Architecture

Pl. XXXIII.

Élévation du côté de la cheminée de la Chambre de Parade.

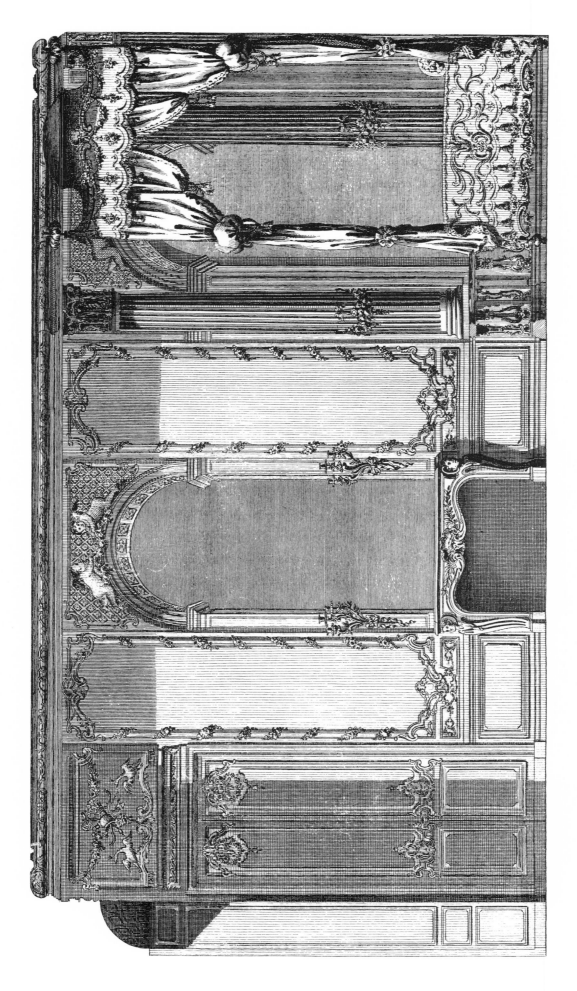

Bernard Fecit.

Échelle de 1 2 3 4 5 6 12 Pieds.

Architecture.

Elevation du côté du Lit de Parade .

Echelle de 1 2 3 4 5 6

12. pieds.

Architecture

Pl. XXXV.

Plans des trois pièces qui composent une partie des nouveaux Appartemens de Parade du Palais Royal.

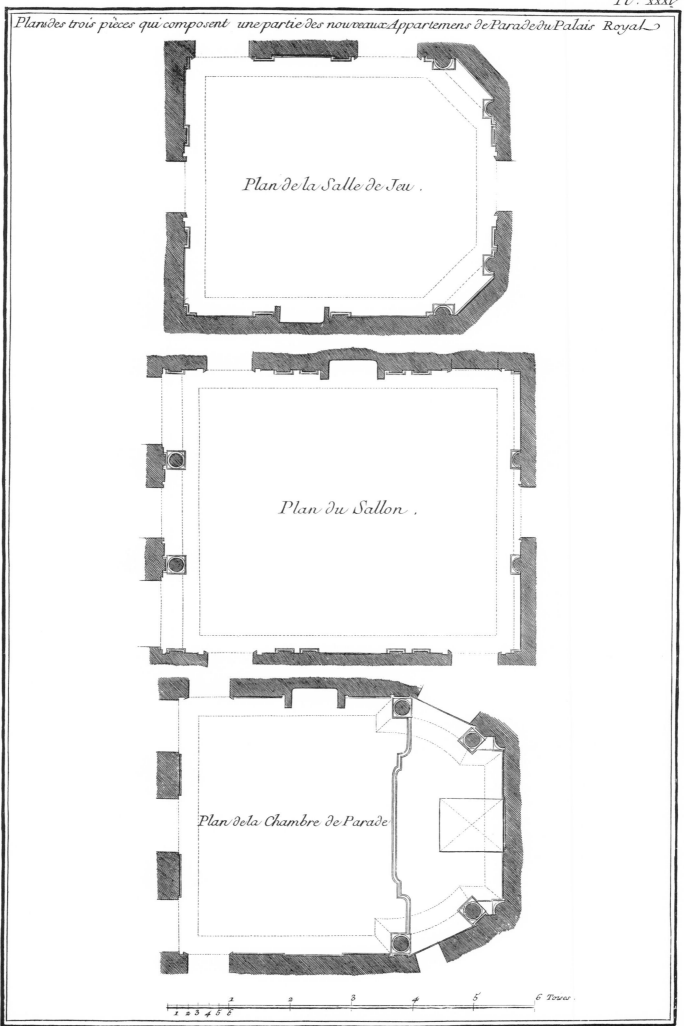

Plan de la Salle de Jeu.

Plan du Sallon.

Plan de la Chambre de Parade.

1 2 3 4 5 6 Toises.

1 2 3 4 5 6

Benard Fecit.

Architecture.

Développement des principaux
Ornements répandus dans les
Décorations des trois pieces pre-
cédents .

Dessus de porte de la Chambre de Parade .

Table de marbre et Girandole placée en face de la Cheminée du
Sallon .

Panneaux de la Porte et placard de la chamb. de Parade .

Canapé ou Sopha placé dans le Sallon en
face des croisées .

Benard Fecit .

Pl. XXXVII.

Corniche du Plafond de la Chambre
de Parade.

Paneaux des Volets de la Chambre
de Parade.

Architecture

Echelle de 6 Toises

1   2   3   4   5   6

Benard Fecit

Plan au Rez de chaussée et Elévation intérieure de l'Escallier qui conduit du Cloître au Dortoir de l'Abbaye de Vauluisant, éxécuté sur les desseins de Mr Franque Architecte du Roy.

Architecture.

Pl. XXXIX.

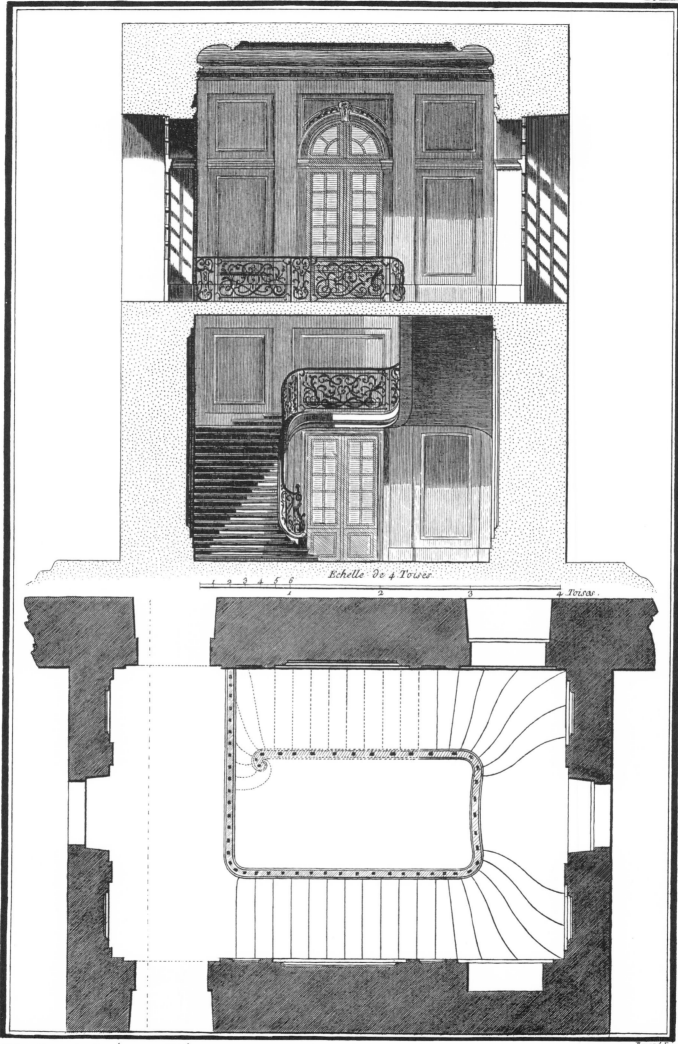

Echelle de 4 Toises

Plan du premier étage et l'élévation intérieure de l'Escallier qui conduit du Cloître au Dortoir de l'Abbaye de Vauluisant exécuté sur les Desseins de Mr. Franque Architecte du Roy.

ARCHITECTURE,

CONTENANT dix-fept Planches.

PLANCHE Iere.

FIGURE 1. Nouvel ordre d'Architecture.
2. Proportions des moulures du chapiteau & de l'entablement.
3. Proportions des moulures de la bafe.
4. Chapiteau d'un autre goût propre au même ordre.

PLANCHE II.

Fig. 1. Colonne cannelée-rudentée.
2, 3 & 4. Maniere de tracer les différentes cannelures pour les divers ordres.
5. Méthode pour tracer la diminution d'une colonne.
6. Maniere de tracer le renflement d'une colonne.
7. Colonne torfe, montrant la maniere de lui donner une telle forme.
8 & 9. Maniere de tracer la volute ionique imaginée par Goldman.

PLANCHE III.

Fig. 1. Fronton triangulaire.
2. Fronton ceintré.
3. Fronton dont les acroteres portent des vafes.
4. Grand fronton orné d'attributs militaires.
5. Maniere de tracer un fronton triangulaire ou ceintré.

PLANCHE IV.

Fig. 1. Maniere de trouver l'épaiffeur qu'il faut donner aux pieds droits des voûtes en plein ceibtre furhauffées ou furbaiffées.
2. Arcade. A, impofte. B, archivolte. C, clef.
3, 4, 5, 6, 7 & 8. Impoftes pour les divers ordres, avec les moulures & autres ornemens propres aux impoftes & aux archivoltes des arcades, fuivant les différens ordres. Les *fig.* 3 & 4, pour l'ordre tofcan; 5, pour le dorique; 6, pour l'ionique; 7, pour le corinthien; & 8, pour le compofite.

PLANCHE V.

Portique dorique. A, impofte. B, archivolte. C, la clef.

PLANCHE VI.

Portique ionique.

PLANCHE VII.

Profil dorique, tiré des thermes de Dioclétien à Rome.

PLANCHE VIII.

Profil ionique, tiré du temple de la Fortune Virile à Rome, aujourd'hui l'églife de Sainte Marie Egyptienne.

PLANCHE IX.

Profil corinthien, tiré des thermes de Dioclétien à Rome.

PLANCHE X.

Profil corinthien du temple de Salomon, tiré de Vil-lalpan.

PLANCHE XI.

Profil compofite, tiré de l'arc de Titus à Rome.

PLANCHE XII.

Fig. 1. Plan du canal navigable du duc de Bridgewater, près de Manchefter, en Angleterre, & de l'ancienne navigation de cette ville à Liverpol; 1, entrée du paffage fouterrain; 2, route de Manchefter à Liverpol; 3, élévation du canal, quatorze verges au-deffus de l'ancienne navigation; 4, branches du canal, qui doit aller jufqu'à Liverpol; 5, Barton-Bridge; 6, bout du canal; 7, 8, 9, ancienne navigation; A, B, les deux extrémités du canal qui a neuf milles de long.
2. Vue de l'aqueduc navigable qui paffe au-deffus de la riviere de Merfey.
3. Pont de Pontytypridd fur la Tave.

PLANCHE XIII.

Caryatide repréfentant la marine au Vatican, par Raphaël.

PLANCHE XIV.

Caryatide repréfentant la paix au Vatican, par Raphaël.

PLANCHE XV, XVI & XVII.

Autres caryatides en différentes poftures, les unes drapées, les autres nues, par Annibal Carrache.

BAGNE DE BREST.

Cinq Planches à caufe de deux doubles.

PLANCHE Iere.

Plan des fondemens du bagne.

1. Rampe pour entrer dans le bagne.
2. Premier veftibule au pied des efcaliers. A chaque veftibule il y a des portes de fer en grillage.
3. Cage de l'efcalier.
4. Corps-de-garde des troupes de la marine.
5. Corridors pour aller dans les caves.
6. Caves.
7. Fondemens du mur de façade des falles du côté du port.
8. *Idem* du côté de la cour.
9. Fondemens des gros murs de refend où font pratiqués des égouts.
10. Lignes ponctuées qui marquent la continuation des égouts qui paffent dans le premier veftibule pour aller à la mer.
11. Fondemens des pavillons des extrémités.
12. Fondemens du mur de la rampe qui va dans la cour.
13. Cour.
14. Emplacement des lavoirs & le canal qui conduit l'eau dans le grand égout.
15. Lignes ponctuées de la conduite de l'eau qui va dans les lavoirs.
16. Fondemens du mur de clôture de la cour.

17. *Idem*, des latrines communes dans la cour.
18. *Idem*, du mur de la rampe qui va de la cour à la ville.
19. *Idem*, du corps-de-garde de l'entrée de la cour.
20. Emplacement de la cîterne ou réfervoir d'eau.
21. Aqueduc.
22. Egout par où paffent les eaux de pluie de la rue, & auffi où paffe le fuperflu de la cîterne.
23. Egout des latrines des cafernes des troupes de la marine, qui fe rejoint à celui du bagne.

PLANCHE II.

Plan du bagne.

29. L'efcalier.
30. Veftibule. Il y a dans ce veftibule un autel renfermé dans une armoire qui eft fur des roulettes, & qu'on conduit au pied de l'efcalier quand on va dire la meffe. Il y a auffi une pompe en cas d'incendie, qui eft fur des roulettes.
31. Bureau de la chiourme.
32. Logement d'un officier.
33. *Idem*, de l'aumônier & du chirurgien.
34. *Idem*, des bas-officiers & argoufins.
35. Corridors.
36. Portes en bois extrêmemement fortes qu'on ferme la nuit.
37. Portes de fer en grillage qui font toujours fermées.
38. Salles.
  1. Jufqu'au 28 font les numéros des tolats ou lits des forçats qui font dans une falle. Chaque tolat ou banc contient vingt hommes.
39. Latrines des forçats où il y a dans un des jambages de la porte une fontaine pour leur donner à boire, & laver les latrines.
40. Le tuyau des latrines de l'étage au-deffus.
41. Cuifine des forçats.
42. Taverne partagée en deux. Dans une eft le vin que le roi donne aux forçats lorfqu'ils font de fatigue, & dans l'autre eft le vin que les forçats achetent des comes.
43. Logemens de fous-comes & de fous-argoufins.
44. Cachots.
45. Rampes qui conduifent dans la cour.
46. Latrines particulieres.
47. Cour.
48. Latrines communes.
49. Latrines particulieres.
50. Fontaines publiques.
51. Petite cour pour ramaffer les balayures.
52. Baraques des forçats, lieu où ils exercent leurs métiers, & font la vente, le roi leur en ayant accordé le privilege.
53. Cabanes d'argoufins qui veillent à ce que le forçat ne coupe fa chaîne.
54. Diftribution de l'eau dans les lavoirs.
55. Lavoirs.
56. L'entrée de l'égout par où les eaux de pluie fe ramaffent pour paffer dans le grand égout.
57. Porte de la cour pour aller en ville.
58. Rampe pour defcendre dans la cour.
59. Logement de gardiens ou portiers.
60. Cîterne.
61. Entrée de l'égout par où paffent le eaux de pluie de la rue, & où paffe le fuperflu de la cîterne.

SUITE DE LA PLANCHE II. *ou* PLANCHE II. *n°. 2.*

Profil du bagne en long & en quatre parties, & élévation du bagne du côté du port.

1. Profil du premier veftibule & l'élévation de l'efcalier.
2. Du corridor des caves.
3. Du corridor des falles & l'élévation des portes des logemens des officiers, les fenêtres qui paroiffent font pour éclairer les corridors.
4. Profil des portes en bois.
5. *Idem*, des portes en fer.

6. Faneaux qu'on allume la nuit.
7. Profil de la charpente du pavillon du milieu.
8. Elévation des cafernes des pertuifaniers.
9. *Idem*, du gros mur de refend où les lignes ponctuées marquent la diftribution de l'eau. Premiere partie.
10. Le gros mur de refend coupé par la moitié, qui fait voir le profil des niches des latrines, la conduite des tuyaux & les ventoufes. Seconde partie.
11. Elévation des falles, le gros mur de refend étant fupprimé. Troifieme partie.
12. *Idem*, des falles & le profil des tolats. Quatrieme partie.
13. Lanternes qu'on allume la nuit pour éclairer dans les falles.
14. Elévation des tavernes.
15. *Idem*, des cuifines.
16. Profil des logemens des fous-comes.
17. *Idem*, des cachots.
18. Profil du grand égout où les lignes ponctuées en font voir la continuation.
19. *Idem*, de l'égout par où paffent les eaux de pluie de la rue, & des latrines des cafernes des troupes de la marine.
20. Profil en long de la charpente fur les falles.
21. *Idem*, de la charpente des pavillons des extrémités.

PLANCHE III.

Profil du bagne, pris dans le milieu du veftibule de l'égout qui conduit à la mer, auquel les autres fe réuniffent.

1. Profil de l'efcalier de la rampe de l'entrée du côté du port.
2. De la porte d'entrée.
3. Du premier veftibule où l'on voit l'élévation de la porte du corps-de-garde des troupes de la marine.
4. De l'efcalier.
5. Du fecond veftibule & de l'écoutille par où l'on fait paffer les vins & vivres des forçats.
6. Du corridor pour aller dans les falles, & où l'on voit la tête du gros mur de refend.
7. Troifieme veftibule.
8. Greniers.
9. Partie de la charpente du grand comble.
10. De la porte fur le premier palier de l'efcalier pour aller dans la cour.
11. Elévation de la rampe pour aller dans la cour.
12. Profil des latrines particulieres.
13. Profil des latrines communes.
14. Du tuyau de la conduite d'eau, au premier étage des falles.
15. *Idem*, au fecond étage des falles.
16. Profil en long de l'égout qui va à la mer.
17. L'entrée du grand égout, pour recevoir les eaux de la pluie de la rue & le fuperflu de la cîterne.
18. La fortie de l'égout des cafernes.
19. *Idem*, de l'égout des falles.
20. Profil de la pile en maçonnerie devant le pavillon d'entrée de la corderie haute.
21. *Idem*, de la cîterne ou réfervoir d'eau.
22. De l'efcalier de la cîterne.
23. Du tuyau de la recette de l'eau.
24. De la cuvette où eft jointe la conduite d'eau des falles du fecond étage.
25. De celle du premier étage : dans cette cuvette il y a une conduite d'eau, qui va à une fontaine fur le quai de la corderie-baffe, pour que les vaiffeaux puiffent faire de l'eau.
26. Elévation d'un lavoir.
27. *Idem*, d'une partie de la rampe de la cour pour aller en ville.
28. Elévation d'une partie de la porte pour aller en ville.
29. Du corps-de-garde des gardiens ou portiers.
30. Elévation & profil du mur de clôture de la cour.

SUITE DE LA PLANCHE III.

Profil du corps-de-logis où font les falles.

A, profil d'une falle au rez-de-chauffée où l'on voit l'élévation des tolats ou lits de camp. B, *idem*, du gros mur de refend, où l'on voit l'élévation des portes, des niches, des latrines, & de celles des fontaines dans les jambages. C, de la falle du fecond étage fans tolat : les grilles qu'on voit font celles des cuifines & tavernes, & l'élévation des fenêtres qu'on voit dans le fond font celles des logemens des comes & argoufins. D, profil de la charpente. E, profil de la cour. F, d'une baraque. G, de la conduite d'eau, au premier étage. H, *idem*, celle du fecond étage. I, élévation d'un lavoir. K, d'une partie de la rampe de la cour pour aller à la ville. L, d'une partie de la porte pour aller à la ville. M, d'un corps-de-garde de gardiens ou portiers. N, élévation & profil du mur de clôture de la cour.

SALLON SPINOLA.

Quatre Planches doubles équivalentes à huit.

Ce magnifique fallon eft à Gênes, dans le palais du marquis de Spinola. Il a été exécuté fur les deffins du fieur de Wailly, architecte & ancien contrôleur des bâtimens du roi, membre des académies royales d'Architecture, de Peinture & de Sculpture de France, & de l'Inftitut de Bologne.

PLANCHE Iere.

Plan du fallon Spinola.

PLANCHE II.

Plafond du même.

PLANCHE III.

Coupe géométrale fur la longueur.

PLANCHE IV.

Vue perfpective fur la largeur.

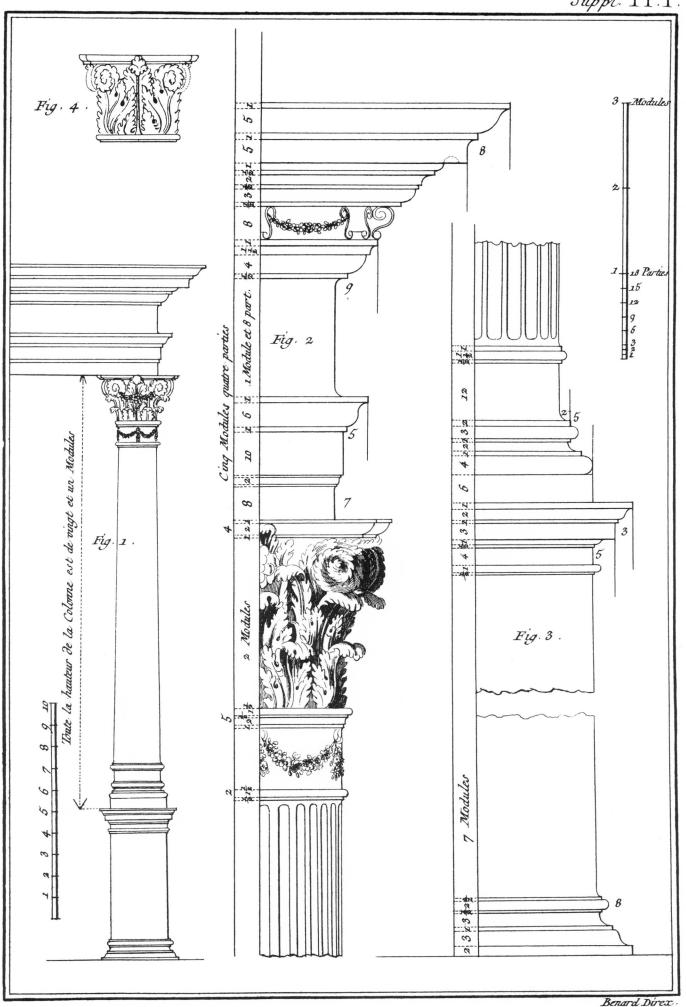

Fig. 4.

Fig. 1.

Toute la hauteur de la Colonne est de vingt et un Modules

Fig. 2.

Cinq Modules quatre parties

1 Module et 8 part.

2 Modules

7 Modules

Fig. 3.

3 Modules

18 Parties

Architecture.

Benard Direx.

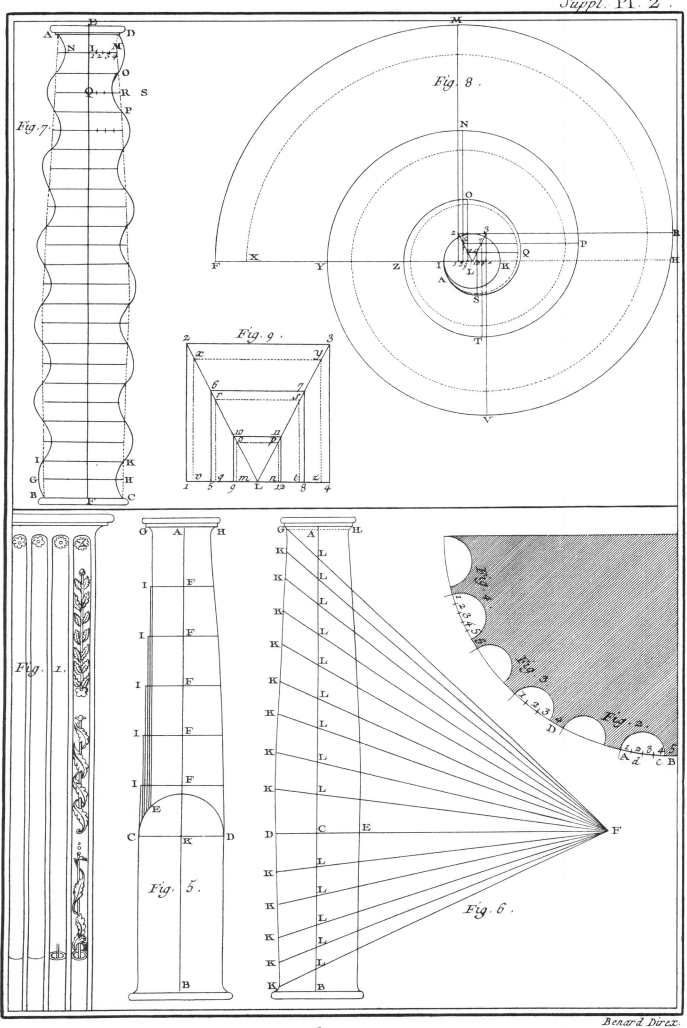

Fig. 7.

Fig. 8.

Fig. 9.

Fig. 1.

Fig. 5.

Fig. 6.

Benard Direx.

Architecture.

Fig. 1.

Fig. 2.

Fig. 3.

Fig. 5.

Fig. 4.

Architecture

Fig. 8.

Fig. 1.

Fig. 7.

Fig. 2.

Fig. 5.

Fig. 4.

Fig. 3.

Fig. 6.

Benard Direx.

Architecture

Architecture

Architecture

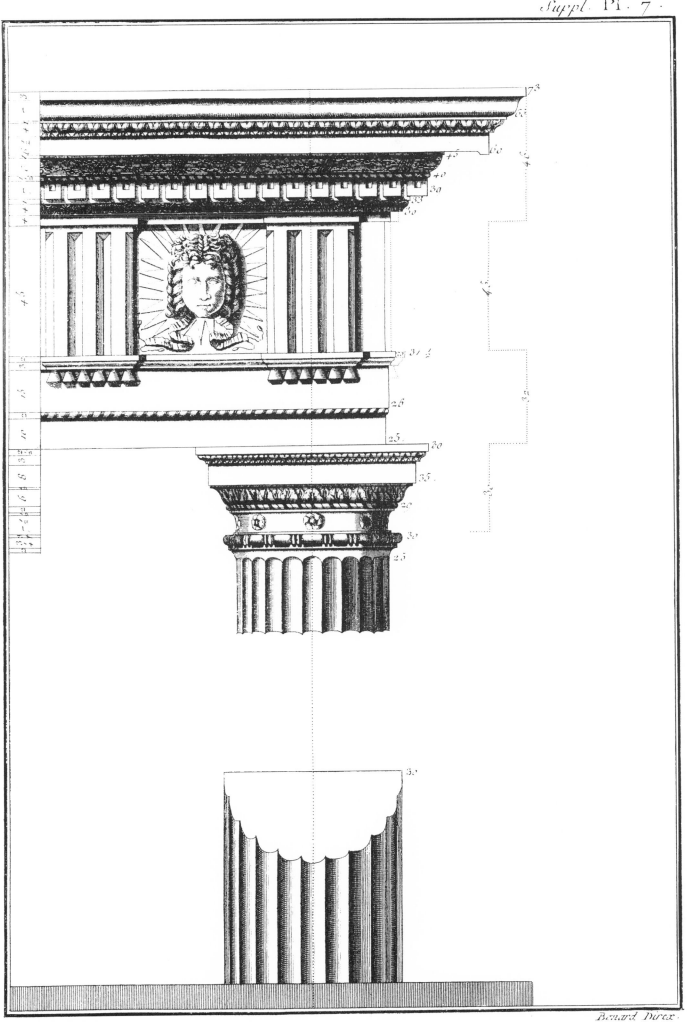

Architecture.

Benard Direx.

Architecture

Benard Direx.

Architecture.

Bénard Direx.

Architecture.

Architecture.

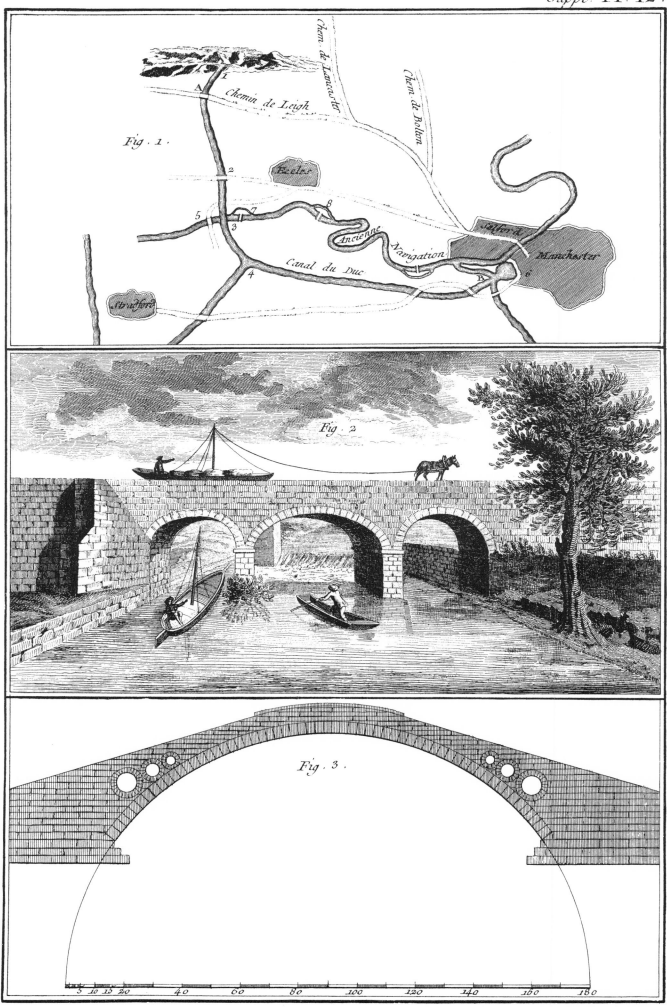

Fig. 1.

Chem. de Lancastre

Chem. de Bolton

Chemin de Leigh

A

1

Eccles

2

5

7

3

8

Ancienne Navigation

Canal du Duc

Salford

Manchester

4

B

6

Stradford

Fig. 2.

Fig. 3.

5 10 15 20   40   60   80   100   120   140   160   180

Architecture.

Raphael *Inv.*

Benard Direx.

Architecture, Cariatides.

LA PAIX

Raphael *Inv.*   *Benard Direx.*

Architecture, *Cariatides.*

Architecture, Cariatides.

Ann. Carac. Inv. Benard Sculp.

Architecture, cariatides.

Architecture, *Cariatides*.

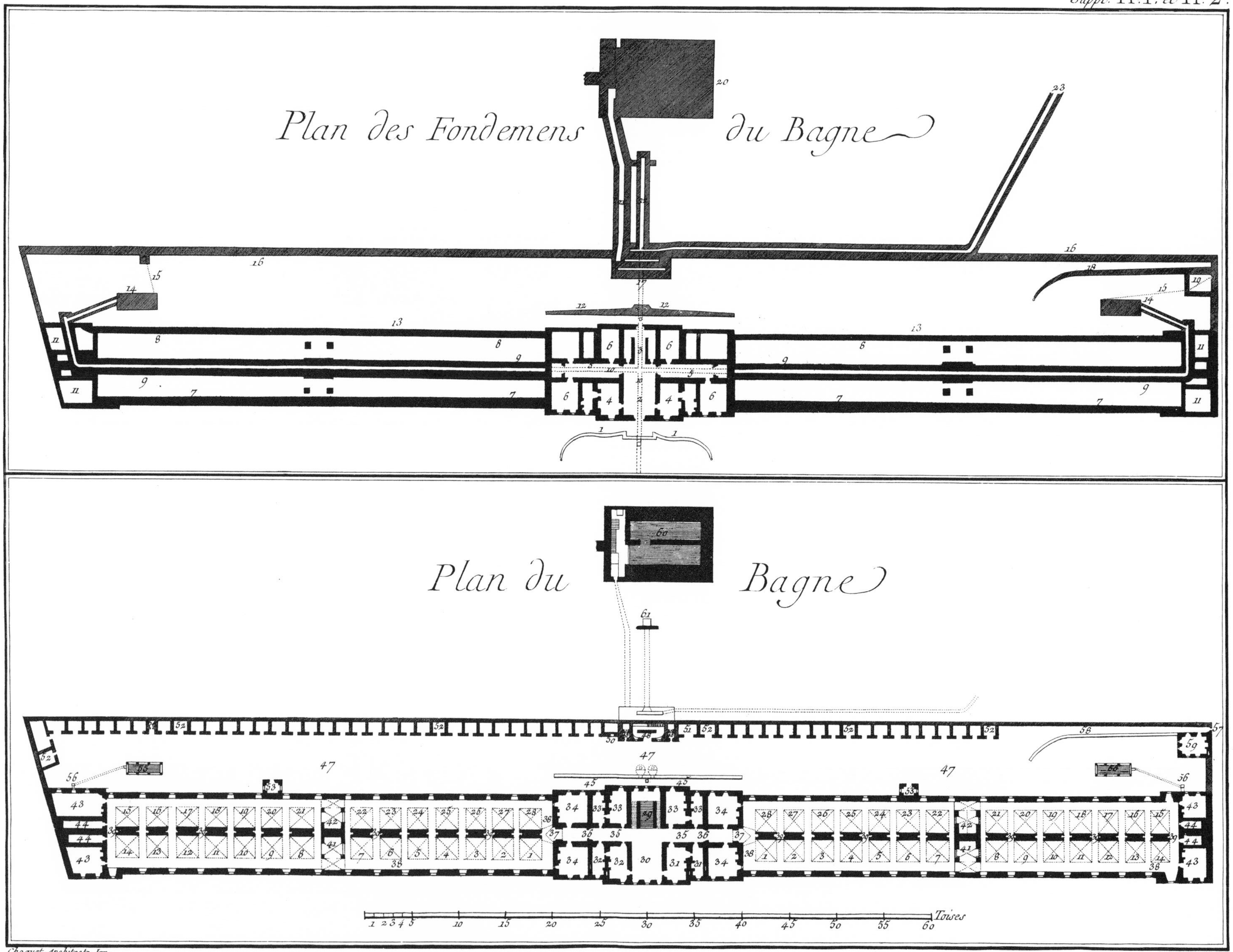

du Bagne

Plan des Fondemens

Bagne

Plan du

Architecture, Bagne de Brest.

Choquet Architecte Inv.

Benard Direx.

Profil du Bagne en long en quatre parties.

La première est l'Élévation du gros mur de refend. La seconde est le même mur coupé par la moitié qui fait voir La troisième est l'Élévation des Stalles, le Et la quatrième est l'Élévation des Stalles
ou les lignes ponctuées marquant la distribution de l'eau. le Profil des niches des Latrines et leur conduits avec les Profils. gros mur de refend étant supprimé. et les Profils des Toilats.

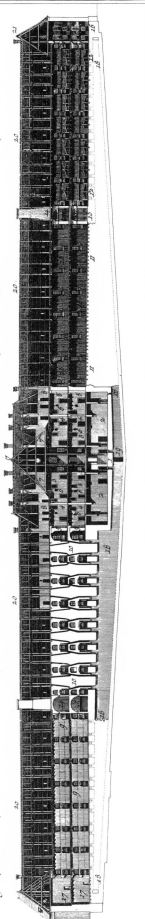

Élévation du Bagne du côté du Port.

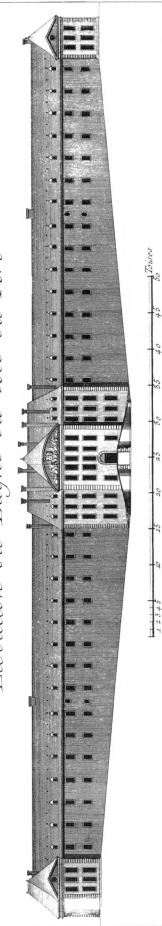

Toises
1 2 3 4 5   10   15   20   25   30   35   40   45   50

Profil du Bagne pris dans le milieu du Vestibule
et de l'Egout qui conduit à la Mer auquel les autres
se réunissent.

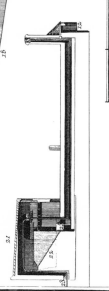

6 Pieds
35 Toises   30   25   20   15   10   5

Architecture, Bagne de Brest.

Benard Direx.

Choquet Architecte Inv.

PROFIL DU CORPS DE LOGIS
OU SONT LES SALLES.

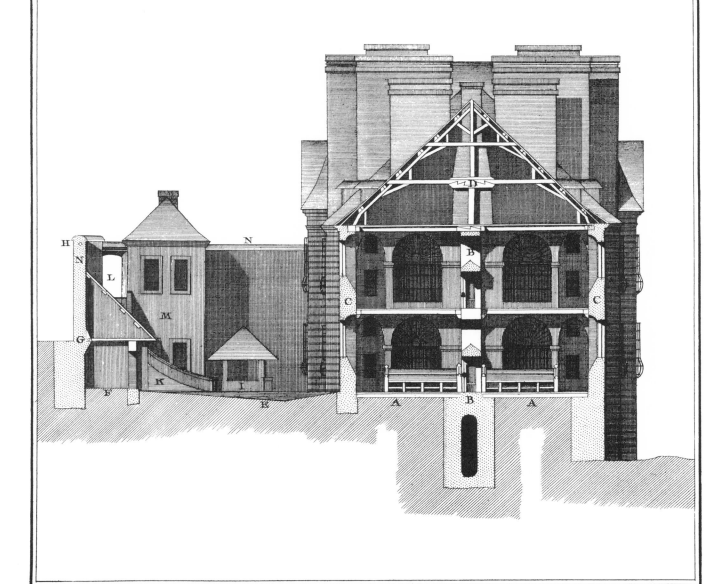

Benard Direx.

Architecture, Bagne de Brest.

Architecture, Sallon, Plan.

De Wailly Invenit.

Architecture, Sallon, Plafond.

Desprez Sculpsit.

De Wailly Invenit.

Doppre Sculpsit.

Architecture, Sallon. Coupe Géométrale sur la longueur

C

Dospre s'sculpsit.

Architecture, Sallon. Vue perspective sur la largeur.

Achevé d'imprimer
par MAME Imprimeurs à Tours
Dépôt légal : mars 2002 (N° 02012037)